中华当代学术著作辑要

语义论

石安石 著

商务印书馆
创于1897 The Commercial Press

图书在版编目(CIP)数据

语义论/石安石著.—北京:商务印书馆,2023(2024.7重印)
(中华当代学术著作辑要)
ISBN 978-7-100-22886-2

Ⅰ.①语… Ⅱ.①石… Ⅲ.①语义学—研究
Ⅳ.①H030

中国国家版本馆CIP数据核字(2023)第166036号

中华当代学术著作辑要
语 义 论
石安石 著

商 务 印 书 馆 出 版
(北京王府井大街36号 邮政编码100710)
商 务 印 书 馆 发 行
北京捷迅佳彩印刷有限公司印刷
ISBN 978-7-100-22886-2

2023年11月第1版 开本 710×1000 1/16
2024年7月北京第2次印刷 印张 11¼
定价:88.00元

中华当代学术著作辑要

出 版 说 明

学术升降，代有沉浮。中华学术，继近现代大量吸纳西学、涤荡本土体系以来，至上世纪八十年代，因重开国门，迎来了学术发展的又一个高峰期。在中西文化的相互激荡之下，中华大地集中迸发出学术创新、思想创新、文化创新的强大力量，产生了一大批卓有影响的学术成果。这些出自新一代学人的著作，充分体现了当代学术精神，不仅与中国近现代学术成就先后辉映，也成为激荡未来社会发展的文化力量。

为展现改革开放以来中国学术所取得的标志性成就，我馆组织出版"中华当代学术著作辑要"，旨在系统整理当代学人的学术成果，展现当代中国学术的演进与突破，更立足于向世界展示中华学人立足本土、独立思考的思想结晶与学术智慧，使其不仅并立于世界学术之林，更成为滋养中国乃至人类文明的宝贵资源。

"中华当代学术著作辑要"主要收录改革开放以来中国大陆学者、兼及港澳台地区和海外华人学者的原创名著，涵盖语言、文学、历史、哲学、政治、经济、法律、社会学和文艺理论等众多学科。丛书选目遵循优中选精的原则，所收须为立意高远、见解独到，在相关学科领域具有重要影响的专著或论文集；须经历时间的积淀，具有定评，且侧重于首次出版十年以上的著作；须在当时具有广泛的学术影响，并至今仍富于生命力。

自 1897 年始创起，本馆以"昌明教育、开启民智"为己任，近年又确立了"服务教育，引领学术，担当文化，激动潮流"的出版宗旨，继上世纪八十年代以来系统出版“汉译世界学术名著丛书”后，近期又有“中华现代学术名著丛书”等大型学术经典丛书陆续推出，“中华当代学术著作辑要”为又一重要接续，冀彼此间相互辉映，促成域外经典、中华现代与当代经典的聚首，全景式展示世界学术发展的整体脉络。尤其寄望于这套丛书的出版，不仅仅服务于当下学术，更成为引领未来学术的基础，并让经典激发思想，激荡社会，推动文明滚滚向前。

商务印书馆编辑部

2016年1月

目　　录

序

好几个学科都关注语义问题，各有自己的角度。本书是一部语言学的著作，不是其他学科特别不是哲学的著作，这是首先要声明的。

语言学中的语义问题涉及的面很广。我只能就自己熟悉的、有些心得体会的问题中的某些方面，写出来与大家共同研讨。有些也许是读者关心的相当重要的问题没有写到，只好请求原谅了。

本书大部分内容，在几所大学*的研究生专题课和几个全国性教师进修班以及北大本科生课程中讲过。我还发表过有关内容的若干论文。这些是我写作本书的基础。自然，书稿有它自身的系统性，写作时对材料和论述都重新作了安排，并加进了我一些新的考虑。我力求写得更好一些，但到1989年秋天，健康上的原因迫使我不得不就此搁笔。

伍铁平同志是本书未定稿最热情而细心的读者和评论者。看过本书未定稿并提出不少宝贵意见的还有刘勋宁、王远新、孙景涛诸同志；何九盈同志看过第四章并提了意见。谢谢他们和其他鼓励我写作并让书稿早日问世的同志们。

石安石

1990年8月

---

* 这些大学是：北京大学、哈尔滨师范大学、新疆大学、郑州大学、四川大学和北京语言学院。

第一章　作为语言学一个分支的语义学

自古以来人们就关注语义问题。且不说对于古文献字句的注释，就是对于语义理论问题的探讨也开始得很早。在我国，可以追溯到先秦诸子，无论儒家、墨家、名家、道家、法家，都对“名”“实”关系等问题发表过意见，其中有些至今还有生命力。在西方，公元前奴隶制时期的古希腊，苏格拉底(Socrates)、柏拉图(Plato)都探讨过语义问题，亚里士多德(Aristoteles)著作中有若干篇章讲语义问题。不过，所有这些，都还不是对语义的系统研究。

一般认为，语义学的建立以法国学者米歇尔·布勒阿尔(Michel Bréal) 1897 年 7 月出版他的《语义学探索》(*Essai de Sémantique*)一书为标记。据考证，法语术语 la sémantique，1890 年以前即已从希腊语借来，很快传播到其他语言，到英语中成了 semantics。① 这部书 1900 年译成英文，书名为《语义学：意义科学的研究》(*Semantics：Studies in the Science of Meaning*)。

与布勒阿尔差不多同时，英国学者波斯特盖特(J. P. Postgate)也在潜心研究语义。他在为布勒阿尔著作英译本写的长序中说，1877 年起他就致力于语义科学的研究了。1896 年 10 月，在伦敦大学学院的年度会议上，他以“意义科学”为题，发表了一篇演讲。1897 年 9 月，这篇

① 见 J. Whatmough 1963 年为布勒阿尔的书 Dover 版写的序言，p. XV。

演讲稿正式发表于《双周评论》，这比布勒阿尔的书晚两个月；后来作为附录收进布勒阿尔专著的英译本。

布勒阿尔的语义学专著材料丰富，生动有趣，重点在词义的历史发展方面，[①]兼顾词汇意义和语法意义。全书共分三编，第一编讲词义变化的定律，介绍变异、扩散、类推等概念；第二编讲如何确定词义，介绍释义、比喻、多义、命名等；第三编讲词类、语序、组合规则等，涉及语法意义。

布勒阿尔的书也是第一部语言学的语义学专著。我们特别指出"语言学"的语义学，那是因为另外还有逻辑学的语义学，哲学的语义学，还有心理学家对语义的研究。逻辑学的语义学是对逻辑形式系统中符号解释的研究，又称"纯语义学"，对象并不是自然语言的语义。哲学的语义学围绕语义的本质展开涉及世界观的讨论。"语义学"或"语义哲学"又是20世纪前半叶盛行于西方至今仍有影响的一个哲学流派的名称。心理学家研究语义，主要是想了解人们在信息的发出和接收中的心理过程。语言学的语义学把语义作为语言（乃至言语）的一个组成部分、一个方面进行研究，研究它的性质，内部结构及其变异和发展，语义间的关系等。这几种语义学自然也不是互相隔绝的。若干年来，语言学的语义学就不断从逻辑学和哲学引进了一些概念和方法。

以下我们在不加限制的时候提到语义学都指语言学的语义学。

布勒阿尔的书给语义的发展以重要的地位，声称研究意义的变化构成了语义学。[②] 这与19世纪历史比较语言学处于统治地位、布勒阿

---

① 帕默（F. R. Palmer）有不同看法，他认为这本书主要不是谈论意义的发展演变的，见 *Semantics*，Cambridge Univ. Pr. 1976，pp. 1—2。

② Michel Bréal，*Semantics*：*Studies in the Science of Meaning*，Dover Publications，1964，p. 99.

尔本人又是历史比较语言学专家显然很有关系。同时他把语义限制在“词语”的意义上，主要是词义上。这两个特点，一直贯穿在他以后半个多世纪的若干有代表性的语义学著述之中。

继布勒阿尔之后，一部有世界影响的语义学专著是两位英国学者奥格登（C. K. Ogden）和理查兹（I. A. Richards）合写，1923 年出版的《意义的意义》（*The Meaning of Meaning*）。这两位都是作家兼语言学家，他们曾共同创制了后来遭到各种非议的“基本英语”（Basic English），这比他们的语义研究更为出名。但《意义的意义》给后世的语义研究影响不小，各种观点的语义学专著几乎没有例外地要引用这本书中的某些论述。

从 30 年代到 50 年代后期，以美国布龙菲尔德（Leonard Bloomfield）的理论为代表的结构主义统治着西方语言学。众所周知，布龙菲尔德认为，研究语义的人须是万事皆通的博学者，语言学家无法担此重任，语言学家关心的是语言的形式。在他之后的结构主义语言学家，进一步依据德·索绪尔“语言是形式，而不是实质”的原理，把语义排除在语言之外。他们认为，语言包括表达形式和内容形式两个部分。语言的表达形式是音位（与之相应的表达实体——物理音响排除在外），语言的内容形式是语法（与之相应的内容实体——语义排除在外）。变通一点的是，如霍凯特（Charles F. Hockett）那样，在把“语法系统”“音位系统”“语素音位系统”看成语言的“中心系统”的同时，承认“语义系统”和“语音系统”是语言的“外围系统”，[①]而在实际上，语义仍然没有地位。转换生成语法学派的创始人乔姆斯基（Noam Chomsky）第一部有影响的著作《句法结构》，对待语义的态度与他的对立面结构主义语言学也并无两样。

---

① 霍凯特《现代语言学教程》上，北京大学出版社，1986，173—174 页。

在苏联,1950年的语言学大辩论中,斯大林为语义学讲了两句好话:“语义学是语言学的重要组成部分之一。词和语的含义方面在研究语言上具有重大的意义。因此,应当保证语义学在语言学中应有的地位。”①这次大辩论的直接产物之一——经苏联高等教育部审定的教科书《语言学概论》(*Введение в языкознание*)中,语义学作为一个独立部门,专章出现,约占通讯院士布拉霍夫斯基(Л. А. Булаховский)编著的《语言学概论》第二编的一半篇幅。这是一个创举。其后,莫斯科大学教授兹维金采夫(В. А. Звегинцев)的专著《语义学》(*Симасиология*)于1957年问世。

英国学者厄尔曼(Stephen Ullmann)的几部专著代表本世纪中叶西欧学者研究语义的成果。主要有1951年的《词和它的运用》(*Word and Their Use*),1957年的《语义学原理》(*The Principles of Semantics*);后者于1962年扩充为《语义学》(*Semantics*)出版。

布拉霍夫斯基、兹维金采夫、厄尔曼等人都重视语义发展变化,是对布勒阿尔传统的继承。布拉霍夫斯基写道,“语义学是研究词语的意义及其变化的语言学分支”。兹维金采夫书中除讲了语义发展规律之外,还专章讲“历史比较方法与语义学”。有所不同的是他们对语义的描写和发展两个方面并重,不似布勒阿尔的重发展而轻描写,这与整个语言学的时代潮流一致。再一点是,他们仍如布勒阿尔那样,把语义研究限制在词语意义主要是词义的范围之内。显著差别是,这些著作基本上不再把语法意义作为语义学的研究对象。

语言学家研究语义,突破词义的范围是近30多年的事。乔姆斯基用深层结构的理论解释某些歧义现象,客观上接触到了词语间的语义组合关系。60年代转换生成语法理论进入发展的第二阶段,即标准理

① 斯大林《马克思主义和语言学问题》,人民出版社,1971,第29页。

论时期,正面接触到句子的语义问题。其中分化出了两个派别——解释语义学和生成语义学,两派学者都以相当的精力分析了句子的语义结构,代表人物前一派有卡兹(J. J. Katz)和福德(J. A. Fodor)等,后一派有菲尔摩(C. J. Fillmore)、切夫(W. L. Chafe)等。这时期另外的进展是深入开展了语义聚合关系的研究,有语义场理论的出现;开展了语义成分的研究,从而产生了语义成分分析法。

70年代至今,有几位英国学者先后写了几部比较全面而通俗地论述语义的专著。包括利奇(Geoffrey Leech)的《语义学》(*Semantics*,1974,1981修订),帕默的(F. R. Palmer)《语义学》(*Semantics*,1976,1981再版),莱昂斯(John Lyons)的两卷本《语义学》(*Semantics*,1977),肯普森(Ruth M. Kempson)的《语义理论》(*Semantic Theory*,1977),克鲁斯(D. A. Cruse)的《词汇语义学》(*Lexical Semantics*,1986),各有特色。①

我国从60年代初期开始,在刊物上先后开展了某些语义理论问题的专题讨论。② 1986年出版的贾彦德的《语义学导论》(北京大学出版社)是我国学者撰写的第一部语言学的语义学专著。

---

① 帕默的再版书的详细译述连载于《国外语言学》1984年第1—4期;1983年出的初版以"新纲要"(a new outline)为副标题。我国学者对另三部著作的评介分别见于以下各文:周绍珩《利奇的两本语义学著作简介》,载《国外语言学》1981年第1期(利奇的书已有中译本,上海外语教育出版社,1987);徐烈炯《莱昂斯:〈语义学〉》,载《国外语言学》1986年第6期;廖秋忠《〈词义学〉简介》,载《国外语言学》1988年第2期。

② 一些有代表性的论文汇集于《汉语语义学论文集》,湖南人民出版社,上、下册,1986。

第二章 种种语义

语义是语言形式表达的内容

语义学的对象自然是语义。问题是需要对语义作一个规定。兹维金采夫说这是“语言学的中心问题之一”。① 利奇甚至认为“建立语义学理论的总的目的是确定意义的‘定义’”。② 古往今来，哲学家、语言学家都对语义作过一些规定，几乎都不能令人满意。困难不仅在于语义看不见听不到更摸不着，不像语音研究那样可以运用生理的、物理的手段，困难还在于，语义的范围广，内容杂。

词汇意义是语义，语法意义也是语义；好些讲语义的著作讲的只是词汇意义。从另一角度说，语义又有理性意义和非理性意义之分；有一些有价值的对语义性质的探讨，多限于理性意义。再换一个角度，语义不仅指词义，还应指语素义、短语义、句义，乃至句群、段落、篇章的意义；某些著述，只讲或主要讲词义。如果同意语言和言语的划分，那么还有语言义和言语义的区别。要作出一种规定，对从种种角度划分出来的种种意义都适用，当非易事。

可否这样来对语义作一个概括的规定：语义是语言形式（广义的也包括言语形式）所表达的内容。不说“语音”而说“语言形式”，是因

---

① В. А. Звегинцев, Симсиологня, Москва, 1957, стр. 92.

② Geoffrcy Leech, *Semantics—The Study of Meaning*, Penguin Books, 1981, p. 4.

为语音不能完全包括语言形式，虽然它是非常重要的语言形式。这是一个相当空泛的解释。但是却是合理的、适应性强的解释。在没有更好的解释取代它之前，无妨暂时采用这种解释。

我们把注意力放在对各种语义的认识上，也许是更有益的。

词汇意义和语法意义

不是词汇意义，便是语法意义；不是语法意义，便是词汇意义。这是通常为人们接受的对意义的二分法。可图示如下：

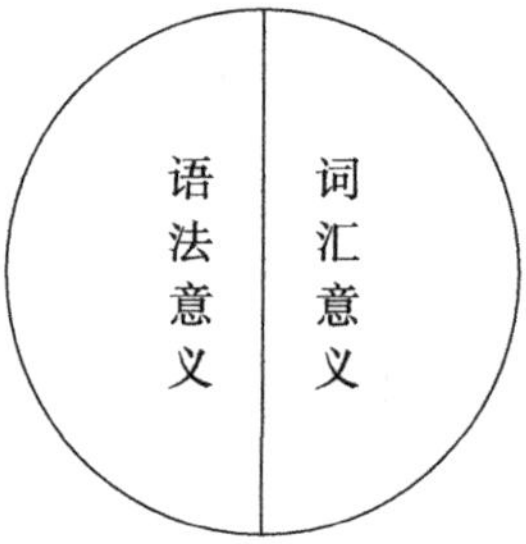

也有人主张对语义实行三分甚至多分。如苏联的戈洛文（Б. Н. Головин）认为在词汇意义和语法意义之间还有个“构词意义”。[①] 可图示如右：多分，指从词汇意义中分出若干种非理性意义（如感情意义、风格意义等）与右图分出的三种并列。

另有一种有价值的分类是双重二分，即从一方面分为词汇意义和关联意义，从另一方面分为实体意义和语法意义，两者互有交叉。倡导者是苏联的列弗尔玛茨基（А. А. Реформатский）和阿加扬（Э. Б. Агаян）。可图示如下：

---

① Б. Н. Головин, Заметки о грамматическом значении, Вопросы языкознания, 1962:2.

<table>
<tr><td colspan="2">词汇意义</td><td>关联意义</td></tr>
<tr><td>实体意义</td><td colspan="2">语法意义</td></tr>
</table>

举例来说，俄语 столикам（小桌子，单数，第三格）一词，它的三个部分 стол（词根语素，表示“桌子”），-ик-（后缀，表“小”）和-ам（词尾，表阴性复数第三格）分别表示不同性质的意义：①

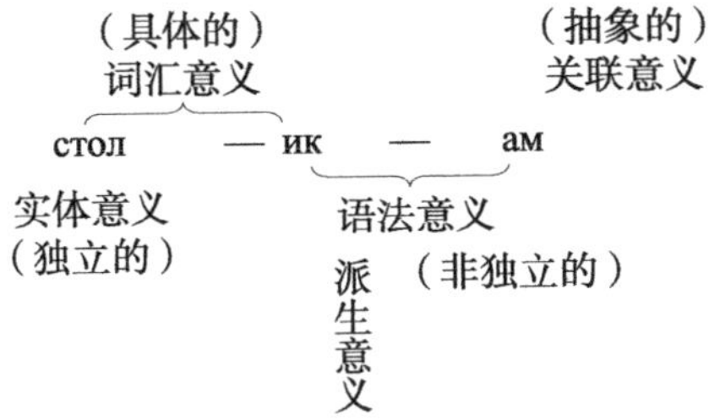

这种分类的实质是认为词汇意义和语法意义不处在同一平面，从而它们互有交叉。典型的词汇意义与实体意义相当。典型的语法意义与关联意义相当。

如何区别典型的词汇意义和典型的语法意义，可以说两点。第一，前者有事物对应性，后者无；第二，后者在语言中起成分之间的组织作用，前者不。这里说的事物是广义的，包括行为、动作、性质、状态等等在内；既指具体的又指抽象的。例如，“山”“走”“快”“音乐”“道德”“提取”，都有一定的事物对应性，甚至“零”“无”“虚假”“想象”也与某种状态、心理活动相对应。与此有关的语义是词汇意义。“的”（de）用在某个动词性的、形容词性的或名词性的词语后面，组成一个新的名词性结构，如“（摘朵）红的”“开车的（来了）”，或者修饰什么，如“美好的（生活）”，这“的”不与任何事物对应，它只有语法意义。我们还可以做

① А. А. Реформатский, Введение в язокознание, Москва, 1960, стр. 205.

以下的比较。比较“联合”跟“萝卜和白菜”的“和”。“联合”一词的语义反映的是外在世界“联系使不分散”或“结合在一起”这种现象。“和”这个词也表示联合,但表示的是两个词语之间的联合,可见“联合”的语义与“和”的语义在性质上不相同。一是词汇意义,一是语法意义。再比较“因果”和“因为……所以”。“因果”指外在世界“原因和结果的关系”,“因为……所以”则表示它们所联系的词语(往往是分句)的内容一个是因一个是果,“因果”的语义与“因为……所以”的语义在性质上不相同。一是词汇意义,一是语法意义。又如俄语名词有阴阳中三性的区别,不在于它的性与外界事物的自然性别相对应(尽管其中一部分正好对应),而在于它代表三种(细分还不止三种)不同类型的形式变化,并要求与它结合的形容词乃至动词有相应的形式变化,所以俄语名词的三性是三种语法意义。又如俄语名词词尾可以表示单数或复数,它往往与外界事物的单数与复数一致,这是不是事物对应性?不是。因为这里词尾本身并不直接标示事物的单复数,它只是表示它所附着的名词词干所标示的事物的单复数。与此类似,汉语的“们”也不直接标示事物的复数(“复数”一词才是直接标示事物的复数),它只是标示它所附着的代词或名词所指的对象(基本上都是人)是复数,它本身也无事物对应性,是语法意义。俄语名词词尾的数的语法性质强于汉语的是,这种数要求与名词结合的形容词乃至动词的词尾所表示的数相一致。英语在历史发展中丧失了很多形态,基本上只有名词、代名词存在单数复数的形式区别,而且只有在做主语时才要求与之结合的动词有一定的形式配合。自然,英语中名词、代名词、动词词尾的数也是无事物对应性的。英语句子主语和谓语在数上要求配合,所以任何句子都要问主语和谓语的单复数。如说 This ink is blue(这墨水是蓝的),就 ink(墨水)所标示的事物来说无所谓单复数,但从它与谓语动词 is 的配合看,它是单数,这纯粹是语法上的。

一般说,虚词是表语法意义的。但虚词不少是从实词演变来的,如汉语虚词之一种——介词很多就从动词演变而来。实词虚化有一个过程,如果这一过程还没结束,那么它的意义就不见得是纯粹的语法意义,汉语一部分介词就有这个问题,以致有的汉语语法著作称这类词为“副动词”或“次动词”。①

因为语法意义是语法学的重要研究对象(其重要性不亚于语法形式),所以在语义学成为语言学中一个独立部门之后,人们逐渐倾向于把语法意义排除于语义研究的对象之外。

理性意义和非理性意义

理性意义又叫逻辑意义。在词(以及若干短语)平面上,它是与概念相联系的那一部分语义;在句平面上,它是与判断乃至推理相联系的那一部分语义。理性意义是语义的基本要素。下一章我们将专门谈理性意义的性质等问题。

非理性意义也是语义不可缺少的要素。它包含复杂的内容。主要有以下几种。

感情意义是一种非理性意义。这里说的“感情”也包括对客观事物的主观评价。

叹词直接抒发感情,它的意义是纯粹的感情意义。例如:

　　哎,实在没有想到!

　　哼(hng),这是他说的!

---

① 前者见吕叔湘、朱德熙《语法修辞讲话》第一讲第三段;后者见丁声树等《现代汉语语法讲话》,商务印书馆,1961,第十一章。

“哎”表示惊讶。这种感情不由“我真惊讶”这样的词句表达，而是用感叹的声音让人感受到说话人处于惊讶的情绪之中。“哼”表示不相信。这种感情不是由“我不相信”这样的词句表达，而是以感叹的声音让人感受到说话人对某事作出了不可信的评价。感情意义只有在叹词中有其独立的存在。

感情意义一般总是附着在特定的理性意义之上的。如词义的褒贬，就是附着在特定理性意义上的褒贬。例如，“成果”指有意义有价值的结果，是在“结果”这一理性意义上附加上褒的感情意义。“庇护”总是指保护不应当保护的对象的行为，是在“保护”这一理性意义上附加上贬的感情意义。句义可因不同的语调（包括节律）而对理性意义附加上不同的感情色彩。例如：

> “我揍你！”小瓦匠猛地抓住了穿在弟弟身上的军大衣的领口。……他使劲一推，弟弟跌倒在地上。

这里，小瓦匠的话带有愤怒的感情。但同样是“我揍你！”也可以出自正在热恋中的情人之口，它也许带有戏谑的情调。这不同的感情都是附着在句子理性意义之上的。

感情也可以概念化。概念化的感情反映在词义中是理性意义。例如，“爱”“恨”“快乐”“悲哀”这些词表达的都是概念化的感情，表达的是理性意义，尽管同时还可以表达相应的附加的感情意义。

没有特殊感情意义（褒贬爱憎等）的，称为中性感情意义，例如“结果”“保护”的意义。

风格意义也是一种非理性意义。它是为适应一定的交际场合和目的而固定形成的、词语或话语的色彩。它是在种种同义手段的对比中显示出来的。

首先是口语风格和书面语风格，①它表现在语音、词汇、语法诸方面。语音方面不直接涉及语义，我们不谈。就词汇说，大多数词语是口语和书面语通用的。有一些词语，表现了口语和书面语的对立，以现代汉语普通话为例，如“挨个儿——逐一、顺次”“×块×毛——×元×角”“搁——安放”“虫牙——龋齿”“病号——患者”“抽筋儿——痉挛”等。有一些口语词，没有与之对应的书面语词，如“撂”（弄倒）“死劲儿”（所能使出的最大力气）“掉点儿”（落下稀疏的雨点）“串门儿”（到别人家去坐坐、聊聊天儿）；也有一些书面语词没有与之对应的口语词，如“把盏”（端着酒杯，多用于斟酒敬客）“不速之客”（不请自来的客人）“邂逅”（偶然相会）“承诺”（答应照办）“侈谈”（夸大而不切实际地谈论，夸大而不切实际的话）“浩瀚”（广大、繁多）等。口语词和书面语词分别具有口语风格意义和书面语风格意义。就语法说，口语与书面语在基本一致的情况下各有一些特点。例如，口语中多用短句，书面语中长句用得多一些。口语因有手势等非语言手段的帮助和不能反复加工等特点，有时可以省略书面语中认为不宜省略的成分，如说“颐和园一毛五”（“到颐和园的车票一毛五一张”），可以有某些特殊语序，如说“他没来还”（“他还没来”）。书面语往往可以容纳相当复杂的语法结构，如可以包含多层次多成分联合的修饰语之类。这在口语中是不能想象的。这样，因为词汇或语法上的口语特点或书面语特点的汇集，就赋予某些句子或篇章以口语风格意义或书面语风格意义。

口语与口头，书面语与书面是不同的概念。有口语风格意义的语词或话语不会因为写在书面上（例如把相声段子刊印成书）而失去其口语风格意义；有书面语风格意义的语词或话语也不会因为说在口头

① 有人称之为口头语体和书面语体。我们说的“风格”是广义的。

上(例如播音员念新闻公报)而失去其书面语风格意义。

其次是不同文体的风格。有些词语专门或更多地适用于某种文体,如文学的、科学的、政论的、新闻的、公文的、广告的等等,这些词语从而获得某种风格意义。“月儿弯弯照九州”,“月儿”具有文学风格意义;“月球围绕地球旋转”,“月球”具有科学风格意义;与之对应的“月亮”则是日常通用词,具有中性风格意义。风格还有庄重与随便之别,文雅与粗俗之别。至于语言的时代风格,民族风格,个人风格,不在我们讨论的范围之内。

风格意义显然都是附着在理性意义之上的。

“内部形式”义是又一种非理性意义。这里说的“内部形式”是按苏联学者说的“词的内部形式”(внутренная формаслова)来理解的。它是从词的来源上所看到的词义形成的根据。例如,“留声机”与组成它的“留声”和“机”,“电影”与组成它的“电”和“影”,语义上有明显的联系。单纯词也有内部形式,例如“磨豆腐、磨面”的“磨”的意义,与使用石磨这种工具有关;“俸”有“俸禄”的意思,与把俸禄看成一种“奉献”有关。具有相同理性意义的词,可因内部形式不同而带不同的非理性意义,如“留声机”和“唱机”(限发明电唱机以前),两者指称同一事物,表达同一概念,理性意义相同,但前者强调它贮存声音的功能,后者强调它放音的功能,两者所附加的非理性意义有区别。又如“水泥”和“洋灰”,“电子计算机”和“电脑”,也是理性意义相同,非理性意义不同。我们称因内部形式的特点而生的非理性意义为“内部形式”义。并非凡有某种内部形式的词都有相应的“内部形式”义。如果词的内部形式只是一种历史现象,已不易为当代一般人所觉察,那么相应的“内部形式”义就不复存在。例如,“椅”来源于“倚”,“椅子”之为“椅子”,与它有靠背可以倚靠有关,这是经过历史考证得到的知识,不是现代一般人的理解,相应的“内部形式”义已经消失。又如“婚”有“结婚”的意思，与古时候男女成亲的仪式通常在黄昏举行有关，但在现代汉语中“婚”已引不起关于黄昏的联想，原来的“内部形式”义已经消失。又如，“‘浑脱’一词的内部形式为‘整个儿剥脱’，这在唐代人们的语象里是很明白的，无论它用来指一种帽子或者浮囊都是如此。”①但后来，这种“内部形式”逐渐鲜为人知，以致不少学者认为它是从北方少数民族吸收的外来词，整个词在意义上不可分割。另一方面，由于“俗词源”的产生，某些词可以新生某种内部形式或改变原有的内部形式，从而新生或改变了非理性意义，尽管这是讹变。例如“西瓜”，借自女真语的 xeko，②女真是古代我国东北地区的民族，然而现在人们理解“西瓜”为从西域引进的一种瓜。又如“望洋”本是联绵词，语义不可分解，本义是“视觉模糊”或“仰视貌”，但后世人们多理解为“望着海洋”，从而把成语“望洋兴叹”理解为“望着海洋而感叹”，以致仿此格式新创了“望书兴叹”“望钱兴叹”等等说法。又如，北京的胡同名，很多都随着书写形式（有的兼及语音）的改变而改变了内部形式，如“轿子胡同→教子胡同”（在宣武区），“鸡爪胡同→吉兆胡同”（在东城区），“棺材胡同→光彩胡同”（在西城区），从而改变了内部形式义。

人们通常说的词的形象色彩是一种重要的“内部形式”义。例如，“水泥”强调此种事物加水搅和后如泥状，“洋灰”强调此种事物是外来的某种粉末状物品，两者理性意义相同，但因不同内部形式而带来的形象色彩不同。“西红柿”和“番茄”都强调标示的事物是从外面引进的，前者突出如红柿子的外形，后者突出茄子的形象，两者理性意义相同，但形象色彩不同。“狮子狗”“马尾松”“鹿砦”“铁青”“蜻蜓点水”“三弦”“五角大楼”“酒窝”“酒囊饭袋”等等都有显著的形象色彩。视觉

---

① 张永言《语源探索三则》，载《中国语言学报》第 3 期，商务印书馆，1998，147 页。
② 刘正埮等《汉语外来词词典》，上海辞书出版社，1984。

“形象”之外，还有听觉“形象”，它由拟声词或半拟声词表达。拟声词大体可以分为两个小类：一个小类是模拟外界的声音而且主要起描绘声音形象的作用的，如“哗啦”“轰隆”之类，另一小类是源于拟声但其作用并非描绘声音而是有所指称，如“蝈蝈”“布谷”“鸭”“猫”“钟”“鼓”之类。只有前一小类是独立表达声音形象（虽然也是非理性意义）的，后一小类和如“乒乓球”“拨浪鼓”之类半拟声词中的声音形象都是附着于理性意义之上的形象色彩。与有概念化的感情一样，也有概念化的形象。例如，“红”“黄”“高”“低”“长”“短”“正方形”“椭圆”“音响”等等表达的都是概念化的形象，即用理性意义反映形象，与形象色彩不相干。至于标示具体对象的词，如“人”“狗”“桌子”“平房”“哭”“笑”“走”“跑”“跳”等等，人们在运用时，往往会伴随一定形象的联想，也不能说这些词有形象色彩。

词的“内部形式”与词的理性意义有一定的联系，词的“内部形式”对于理解词的理性意义有一定的启发，但不能夸大“内部形式”的作用，直接从“内部形式”解释词的理性意义。例如，不能说“留声机”就是“留声”的“机器”（录音机也是“留声”的“机器”，可是不叫“留声机”）；不能说“电影”就是“电光”中的“影像”（幻灯也是“电光”中的“影像”，可不叫“电影”）；不能说“西红柿”就是“西方”传来的“红柿子”（西红柿根本不是柿子，它是一种草本植物或其果实，柿子是一种木本植物或其果实）。“内部形式”义只是附着在理性意义之上（独立表声的拟声词除外）的非理性意义。

词义、句义及其他

语素、词、短语、句子、句群、篇章等各级单位都有意义，都是语义。这些语义的地位不都是一样的。

一个重要的区别发生在句子以内的单位的语义与句子及句子以上的单位的语义之间。句子具有突出的地位。人们正常的交际至少得用一个句子,人们首先通过句子的整体(而不是句子内部各成分)感受到语义的存在。不少著作都指出,表达完整的意思(或思想)是句子的重要特征。不成句子的词或短语则不具有这一功能。正是因为句义有这样的特点,语言间的翻译原则上以句子为单位进行,不要求逐字逐词的语义对应,但要求句义间对应准确。

句群义、段落义、篇章义都是由一个一个句子的语义串连而成的,句又是大于句子的各级单位的语义的基础。

词义在句子及句子内部各级单位的语义中占有突出的地位。一方面,只要了解句子或短语中各个词的意义,又知道这些词之间的组合关系,那么也就会了解这个句子或短语的字面意义。另一方面,只要了解构成词的语素的意义和语素间的组合关系,是否就能了解词义呢?乍看,似乎很多词义都能从语素义得到解释,似乎语素义是形成词义的基础(从而也该是形成句义的基础)。这其实是误解。前面讲"内部形式"义时已经接触到这个问题。就大部分合成词来说,词义仅仅可以从构成词的语素的意义得到一定的启发而已。例如,按语素义及其组合关系,"西红柿"只能解释为"西方的红柿子",其实不然;"南极"只能解释为"南边的极点",事实是它不指其他什么"南边的极点",而专指地球南边的极点;"马车"只能解释为"马的车"或与"马"有关的"车",得不出"马拉的车"的意义。你知道了"窝"和"头"的语义,未必就知道"窝窝头"的语义;你知道了"乌"和"金"的语义,未必就知道"乌金"的语义。"铅笔"不是以铅为原料的"笔";"河马"不是"河"中之"马"。

因此,本书讨论的语义,重点首先在词义,其次在句义。

语言义和言语义

谈论这个题目的困难在于:语言学界在如何划分语言和言语的问题上存在着根深蒂固的分歧。这里只采纳一种看法。简单说来,语言是由音义结合的成分组成的词汇语法系统,言语则是对这个系统的运用和运用的结果。语言中的成分或单位都是现成的、复现的,数量相对地有限的。言语中的成分或单位则是交际中临时创造的,数量无限。语言和言语不构成一般与个别的关系。例如汉语这种语言,与运用汉语的结果“天渐渐暗下来”“我真高兴”“你和谁赌气?”等等不构成一般与个别的关系。但就两者的成分或单位说,部分地(不是一律地)构成一般和个别的关系;同时,语言中又有自己的一般与个别,言语中也有自己的一般与个别。

词典中显示的词义都是语言义。笼统地说的某个词的语义,是一般;词的某个语义单位,是个别。这是语言义自身的一般与个别。词的某一语义单位在特定场合,可能有不同的具体的体现,那就是言语义了。例如,“他来了”,这次说的“他”也许是张三,下次说的“他”也许是李四。又如,“请把桌子上的书递过来”,这时的“桌子”专指某张特定类型的桌子,“书”专指某一部书。这里是语言义与言语义的一般与个别。个人对词的运用的创新,在取得社会承认以前,是偏离语言义的言语义;取得社会承认以后,转化成语言义。例如“老乡”在建国初期只有“对不知姓名的农民的称呼”一义,后来,一些人用它指“同乡”,再后来,“老乡”的“同乡”义普遍通行,在口语中这一意义上的“老乡”甚至几乎完全取代了“同乡”。“老乡”之“同乡”义就经历了由言语义到语言义的转化过程。固定短语接近词的性质,它的语义与词义相当。自由短语是临时的组合,属于言语的范畴,组成它的词和结构属于语言,它的语义是言语义,尽管只是与完整思想的片段相联系。自由短语义的一般与个别是言语义的一般与个别。以句子形式出现的格言、谚语有固定的结构、成分和含义,属于语言范畴,它的语义是语言义。此外,句子都是因交际需要而临时组合的。组成句子的词和语法结构都是现成的、复现的,是语言中的东西,但句子本身则不然,不仅是临时组合,数量也无限,句子属于言语范畴,句义自然是言语义。句义又有一般与个别的区别,孤立的一个一个句子,例如语法书上许多例句的语义——一般;在特定语境中出现的句子的语义——个别。这是言语义的一般与个别。句子借助一定的语境,还可以表达临时获得的偏离一般的语义,这也是言语义。

显然,我们不能说只有语言义才是语义研究的对象。不过可以说,语义研究更看重的是语言义,以及言语义中一般的东西。研究语言义基本上可以从语言自身着手,研究言语义则要联系语境、社会等外界因素。

第三章　理性意义

从“语义三角形”说起

以往一般的语义学著作谈语义，往往谈的是理性意义，特别是词的理性意义。我们现在就来讨论理性意义，首先是词的理性意义。

几乎所有语义学著作都要介绍奥格登、理查兹著名的“三角形”——或称“符号三角形”，或称“语义三角形”。请看原图形：

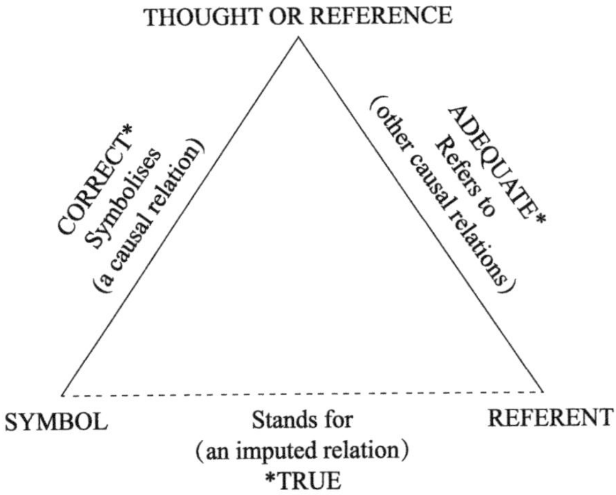

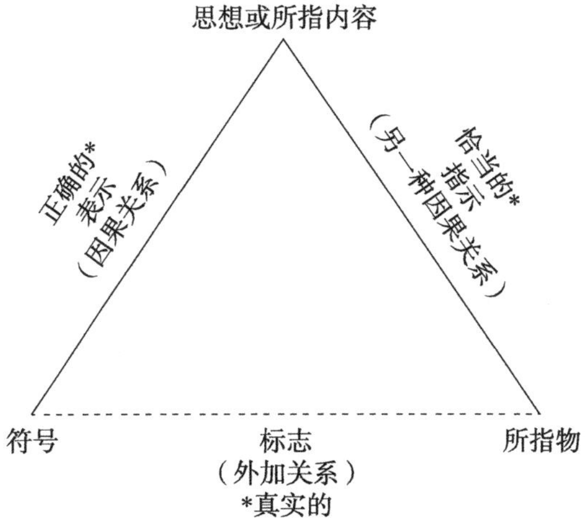

这里的"符号"显然是单面的，仅指词语（或句子）的形式部分（按索绪尔的观点，符号是能指和所指的结合体）；"思想或所指内容"即语义。这个三角形表明，语义是"符号"与所指物之间的中介，"符号"表示语义，而语义指示所指物，从而"符号"间接地（用虚线）标志所指物。图形还表示，"符号"与语义的联系，语义与所指物的联系，都是有原因有道理的，但"符号"与所指物的联系则是外加的。①

"三角形"的设计者没有指明他们讲的语义仅限于理性意义，但实际上限于理性意义。后世人们关于理性意义的许多讨论，都是围绕这个"三角形"进行的。我们现在也从它出发提出问题。

第一个问题，除表示纯语法意义或主要表示语法意义的虚词，以及表示纯感情意义的叹词之外，是否一切词语（乃至句子）都有一定的"所指物"？

有人说是，有人说不。

说不的可以以苏联学者斯米尔尼茨基（А. И. Смирницкий）为代

① C. K. Ogden & I. A. Richards, *The Meaning of Meaning*, Ark Paperbacks, 1985, p. 11.

表。他指出有这样两种情况:

第一种,基本的:语音——意义——事物(现象)等等。

第二种,派生的:语音——意义——

第二种指的是 русалка(美人鱼),домовой(家神),кентар(古希腊神话中半人半马的神怪)等词,认为这些词"并不代表任何东西或现象,但是有完全固定的意义"。例如,"русалка 这个词既不代表女人,也不代表鱼,根本就不代表任何真实的东西"。①

我国各种语言学教科书对这个问题的答案是肯定的,理由也相当一致。高名凯是一位代表。他明确表示不同意斯米尔尼茨基上述的分类,认为"虚拟或幻想也要有客观事物作为来源,正如列宁所说的,它的来源是客观的,不过和真实的反映有所不同,它是对同一的来源加以错误的或幻想的反映罢了"。②

这两种表面对立的看法其实没有实质性的差别。斯米尔尼茨基说 русалка 一类词"不代表任何真实的东西",没有什么不对。他也说了"现实生活的因素是幻象(神化形象)、宗教观念等等的基础。意识把这些因素从现实中抽象出来,在反映过程中又把这些因素的反映联结起来,成为不和任何真实的东西完全相符合的形象。假如没有女人,没有水族(鱼等等),也没有梦、幻觉、错觉等等心理现象,那么就不会在社会认识发展到一定水平的时候产生 русалка 的形象"。③ 而且他也引用了列宁关于幻想的描述。斯米尔尼茨基不承认虚幻的东西也是意

① 斯米尔尼茨基《词义》,载《语言学译丛》1958 年第 1 期,16 页。"美人鱼"原译"女水妖"。

② 高名凯《语言论》,科学出版社,1963,191 页。

③ 斯米尔尼茨基《词义》,载《语言学译丛》1958 年第 1 期,16 页。

义反映的对象，这是缺点。然而高名凯的论证也没有回答为什么说 русалка 一类词也有一定的所指物的问题。在中国学者中流行的这种论证涉及的是意识与存在的关系问题，不是语义与它所反映的对象的关系问题。人们从电视连续剧《西游记》中见到的玉皇大帝是典型的黄皮肤黑眼睛的中国人模样，服饰和气派都酷似中国的人间皇帝。玉帝显然是人们按照中国的人间皇帝的形象塑造的，尽管其中另有加工改造。这是“虚拟和幻想也要有客观事物作为来源”的例证。然而玉帝是人们想象中的上天的主宰，皇帝是封建时代人间的最高统治者，不能因为两者有某种联系而断言“玉帝”的意义就是对“皇帝”的反映。“玉帝”和“皇帝”各有自己的反映对象。语义既反映物质世界中的对象，也反映精神世界中的对象。至于精神世界中的对象本身，是正确地反映了物质世界还是错误地反映了物质世界，则是另外一个问题。精神世界中的对象，无论是正确地还是错误地反映了物质世界，语义都如实地加以反映。русалка 的语义如实地反映了俄罗斯人想象中的一种动物。“玉帝”的语义如实地反映了中国人想象中的上天的主宰者。就语义对所指物的反映来说，没有错误不错误的问题。（至于释义那是另一回事，见下）

这里说的对象，既包括狭义的事物，如“桌子”“衣服”“太阳”“理想”之类的对象；也包括行为、动作、性质、状态、数量等等，如“走”“说”“思考”“红”“美丽”“伟大”“安静”“一”“十”等，也都有一定的对象。这里说的对象相当于有的著作所说的广义的事物。

总之，词语具有一定的所指物，这是个普遍性的结论。

第二个问题，是赞成“反映说”还是“标示说”？

“反映说”认为“词义是事物、现实或关系在意识中的一定反映”。①

---

① 斯米尔尼茨基《词义》，载《语言学译丛》1958 年第 1 期，20 页。

这是从词义所反映的事物的特征规定词义，也可以说是从概念的内涵来规定词义。“标示说”“把词义看成词的语言同事物之间的联系或是两者之间的关系”。[①] 是从词语标示的事物的范围来规定词义，也可以说是从概念的外延来规定词义。

这两种说法各自的支持者之间经常发生争论。一些人对标示说批得很凶。如弗·帕默指出，从古希腊的柏拉图起，就开始出现一种“最陈旧的观点”，即把语义理解为对“外部世界中的物体”的“指示”或“指称”。[②] 批评者提出各种反对的理由。其中有，虚词不标示事物，表示虚幻对象的不标示事物。关于前者，不在我们讨论的范围之内；关于后者，前面我们已经分析过。这里我们讨论另外两点。

第一点。有人提出标示说在运用中有难以克服的困难。例如，画一个正在跑动的男孩，很难确切地表明跑动这个动作的含义，因为需要把“男孩”这个成分分离出来。又如，指着某把椅子，究竟标示的是“扶手椅”呢，还是“椅子”，还是“坐具”，还是“家具”，不好说。我认为，这种批评是对标示说的误解。词这种符号的标示作用与动物所用符号的标示作用不同，就在于前者一般地说是标示抽象、概括的对象，一类一类的对象。词的标示的本质不在于与特定的具体形象对号。“跑”标示从具体的动物抽象出来的一切动物的跑动动作。“椅子”标示一切已出现的和可能出现的椅子。“他”的标示对象不是张三，也不是李四，而是交际双方以外的这个或那个第三者。“星期三”标示的既不是1987年8月5日，也不是1988年9月28日（虽然它们恰好都是星期三），而是每周的第三天。再说，我们说某个词义发生了变化，根据就是它们所反映的对象范围发生了变化。例如“兵”本指兵器，后指使用

① 斯米尔尼茨基《词义》，载《语言学译丛》1958年第1期，17页。

② F. R. Palmer, *Semantics—a new outline*, Cambridge Univ. Pr., 1976, p. 10.

兵器的人;“河”本专指黄河,后泛指各个水流;这两个词的语义都发生了变化。总之,不能否认词语的标示对象在确定语义中的作用。当然,同时也不能否认“反映说”。刚才说到抽象、概括,就与人类对事物的特点的认识有关。

第二点。反映说与标示说得出的结论是否总是一致?从原则上说,一个概念,内涵的多少与外延的大小成反比。如果它的内涵确定了,也就有了确定的外延,反之亦然。这样看,两说的结论应当是一致的。但人们对此有不同看法。自上世纪末德国学者弗雷格(G. Frege)举出 morning star 和 evening star 的例子用以说明所指同一但意义可以不同①之后,很多哲学著作和语言学著作都沿用它。他们说,morning star 和 evening star 都指同一颗星——Venus(金星),但一个意思是“早晨的星”,一个意思是“晚上的星”。这样的分析大可怀疑。说英语的人不会把早晨出现在东方的金星叫 evening star,也不会把晚上出现在西方的金星叫 morning star。正如中国人不会把前者叫“长庚星”(相当于 evening star),也不会把后者叫作“启明星”(相当于 morning star)一样。这不是由于感情上的差异或风格上的差异或其他原因。原因在于人们根据出现在天空一早一晚的区别把金星分成了两个指称对象。可用另外的例子加以类比。同样是“饭”,中午吃时叫“午饭”,傍晚或晚上吃时叫“晚饭”,“午饭”和“晚饭”各有自己的指称对象。它们都是“饭”的下位词。同理,morning star 和 evening star 都是 Venus 的下位词;“启明星”和“长庚星”都是“太白星”(“金星”)的下位词。再举一例,北京人对不同形态的加工后的鸡蛋有不同的叫法:炒出来的叫“黄菜”(如“炒黄菜”“摊黄菜”),煮好的荷包蛋叫“卧果儿”,用开水冲熟

---

① G. Frege, On Sense and Nominatam,转引自涂纪亮《欧美语言哲学概论》,人民出版社,1988,129 页。

的叫“蛋花儿”，和肉炒的或打在汤里的叫“木须”（如“木须肉”“木须汤”）。“黄菜”“卧果儿”“蛋花儿”“木须”虽然反映的都是鸡蛋，却是各不相同的加工品，即各有自己的指称对象。指称对象不同，语义（理性意义）自然也不同。

指称或标示对象相同，语义是否一定相同？不一定，但理性意义一定相同。例如“番茄”就是“西红柿”，“西红柿”就是“番茄”；“父亲”就是“爸爸”，“爸爸”就是“父亲”；标示对象相同，理性意义也相同，只是非理性意义不同。

“语义三角形”既指出了“所指内容”的指示作用，又指出了“符号”的标志作用。斯米尔尼茨基下列论断我们可以赞同：

> 词的语音同事物或现象的联系当然存在，但是这不是直接的联系，而且离开事物或现象在意识中的反映，这种联系就不存在。
>
> 这样，词义不只是语音和所代表的事物或现象的联系，而且是语音和事物或现象的反映的联系。①

第三个问题。“语义三角形”主要有什么缺陷？

第一，虽然它正确地指出了语义是指示所指物的，也就是反映一定对象的，然而没有指出，这不是一般的反映，而是一定社会集体对一定对象的概括的反映，这才可以把它（理性意义）与概念、判断、推理区别开来。

第二，只是就一个一个的词语与一类一类事物的关系来谈语义，没有联系语言系统，尤其是语义系统。事实上，语义不仅决定于它反映什么样的事物，同时还决定于它在语义系统中的地位。人们因此用 sense

① 斯米尔尼茨基《词义》，载《语言学译丛》1958 年第 1 期，17 页。

和 reference 两个术语，前者为“系统意义”，即从语义系统中显示出的语义，后者为“指称意义”，即从反映什么对象的角度确定的语义。① 前者，强调语义不是什么；后者，强调语义是什么。我们主张兼容这两者，既要看到是什么，也要看到不是什么。

第三，关于三角关系，奥格登和理查兹认为，所指内容（语义）与所指物之间是“有理由可说的关系”（一译“因果关系”），毫无疑问，因为这是主观对客观的反映。但是他们肯定“符号”和所指内容之间也是“有理由可说的关系”，就没有道理。这里的关系，本质上说，是任意的。单从逻辑上说，如果真如他们说的那样，那么由于这样两重的“有理由可说的关系”而建立起来的“符号”与所指物的关系竟是“外加的”（即任意的），也说不通。我们认为，关于“符号”与所指物的关系的结论是正确的。不正确的只是对“符号”与所指内容之间的关系的性质的看法。

词义与概念

先看词的理性意义与概念是什么关系。词的理性意义与概念大致相符但又不同。

两者都为一定的语音形式（即前说“符号”）所表达，都反映一定的所指物，都是语音形式和所指物的中介。也就是说，就与语音形式和所指物的关系来说，两者处在同一地位。

人们一般不否认它们与语音形式的紧密联系。如果不与一定的语音形式相联系，既不可能有词的理性意义的存在，又不可能有概念

① “系统意义”和“指称意义”是周绍珩译述弗·帕默《语义学》用的译名；见《国外语言学》1984 年第 1 期。

的存在。

至于它们与所指物的联系,学者们的看法就有分歧了。有人认为“词义和一定的概念互相联系着,并通过概念与客观世界的现象和事物联系着”①,“词义所代表的其实并不是某种事物或现象,而是这些事物或现象在人们意识中的一定反映”②。按照这种认识,概念是词义和所指物的中介,词义不能超越这个中介而与所指物直接联系。就是说,不是“词的语音形式——词义/概念——所指物”序列,而是“词的语音形式——词义——概念——所指物”序列。我们不能接受这种看法。“人”的理性意义是对人这种高等动物的概括反映,并不是对“人”的概念的再反映。“快乐”的词义就是对“感到幸福或满意”这种心情的概括反映,并不是对“快乐”的概念的再反映。“神”“鬼”“玉皇”“天宫”等词的词义也不能说是反映某些概念;“玉皇”的概念是人们对想象中的上天的主宰者的认识成果,而“玉皇”的词义是对这一虚构的事物的本身的反映(也是认识成果),并非是人们对这一虚构的事物的认识成果的再反映。词义是不是也可以反映概念呢?可以。那限于“概念”“范畴”等极少数词的词义,这时,概念成为一种所指物。

词的理性意义与概念对所指物的反映都是概括反映。也就是说,都能反映某类事物普遍具有而又足以与其他事物相区别的特征。

这里说“足以与其他事物相区别的特征”,是有意回避提“本质特征”。概念反映所指物的一般特征和本质特征的总和,没有疑义。问题在词的理性意义是否必须反映所指物的本质特征。本质特征固然是足以使这一事物与其他事物相区别的特征,若干非本质特征的总和也可以使这一事物与其他事物相区别。霍凯特(Charles F. Hockett)在讲

---

① 伏尔诺等《英语词汇学》,商务印书馆,1959,7页。

② 岑麒祥《论词义的性质及其与概念的关系》,载《中国语文》1961年5月号,8页。

到语言的基本特征时，说其中任何一个都可能为某种动物交际工具所具有，但全都具有这些特征的只有语言。① 这样，这些特征就使语言区别于一般动物交际工具。亚里士多德曾经把人定义为“无羽两足的动物”，一共提到三个特征：“动物”“无羽”“两足”，都不是人的本质特征，然而合在一起，确实足以使“人”与“非人”区别开来。事实上，我们并不是在认识了人的各种本质特征之后才掌握了“人”的词义的。又如，“太阳”一词，汉族男女老少无不掌握它的词义，然而有多少人能说出太阳是“银河系离地球最近的恒星”“地球公转围绕的中心”呢？

词的理性意义与概念的差别，归根结蒂，在于前者属于语言范畴，后者属于思维范畴。词的理性意义作为对一定所指物的概括反映必须是为某种语言的特定语音所巩固下来的这种反映，它在这种语言的语义系统中占有一定的地位，并为这个系统所制约。没有一般的词的理性意义，只有某个语言某个词的理性意义。概念虽也不能离语音而存在，但不专与特定语言特定的语音相联系，而且不受任何语言语义系统的制约。关于后一点，需要举点例子。例如电磁振荡的波长不同，相应地引起不同的颜色感觉；视觉正常的人，无论哪个民族，都能辨认可见光谱上的全部颜色。然而不同语言中由颜色词给颜色所作的分类却很不一样。这已是大家十分熟悉的事实。又如，穿着衣、裤、鞋、帽的行为，人们认识一样，但有的语言用一个词来统称，另外的语言则分别用二、三、四个词分别加以标示。如下例（A、B、C 等代表不同的词）：②

---

① 霍凯特《现代语言学教程》下，北京大学出版社，1987，305 页。霍凯特的论断的前一半是值得商榷的，暂且不论。

② 基本材料据中央民族学院语文系语言学概论编写组《语言学概论》（讨论稿），1961，65 页。

<table>
<tr><th></th><th>藏语、维语</th><th>汉语</th><th>彝语</th><th>勉语
黔东苗语</th><th>黎语</th></tr>
<tr><td>（衣）</td><td rowspan="4">A</td><td rowspan="3">B</td><td rowspan="2">D</td><td rowspan="2">F</td><td>I</td></tr>
<tr><td>（裤）</td><td>J</td></tr>
<tr><td>（鞋）</td><td rowspan="2">E</td><td>G</td><td>K</td></tr>
<tr><td>（帽）</td><td>C</td><td>H</td><td>L</td></tr>
</table>

其次，词的理性意义自然一定是词所具有的，而概念既可以与词的理性意义相对应，也可以与短语的理性意义相对应。例如，“叔叔”“父亲的弟弟”概念相同；德语的 Bergdorf（山村）与英语的 mountain village 概念相同；汉语的“乐器”与英语的 musical instrument 概念相同。但有的是词所有，有的是短语所有。

至于说到整个词义（理性意义是它的基本组成部分），它与概念的差别更大了，因为词义还有种种非理性意义，这些完全不与概念相对应。例外的是科学术语。科学术语以无非理性意义（术语风格色彩除外）为其特点之一，而且要求语义单一，要求语义尽量准确地反映所指物，因此，科学术语义与概念基本一致，以致有时人们可以不严格地承认：科学术语义就是概念。

词义与释义

词义和释义是有密切联系的两回事。

一个词具有某个词义，是因为千人万人千次万次都以那样的理解去用那个词，不是因为有什么人对它作了某种规定（某些术语除外），自然也不是因为词典对它作了某种解释。相反，词典之所以对某个词作某种解释，倒是因为社会集体的语言交际之中都是按那样的理解去运用这个词的。

词义是词所固有的，释义是人们对词义的解说，有时还可包括词义之外的、有关对象的知识的说明。词义，一般地说，是全社会统一的，而释义则可以多种多样。这一方面是因为释义可以有方式的不同，可以有详略、深浅的不同；另一方面是因为人们对事物和词义的认识可有不同。

最普通的一种释义方式是指出词义所反映的所指物。例如：

坡：地形倾斜的地方
三花脸：戏曲角色中的丑
欺哄：说假话骗人
清脆：清楚悦耳

还可以从词语与词语的关系来释义。如用反义词、同义词、原称（释简称）等。举例：

松弛：不紧张
大：跟"小"相反
午夜：半夜
淘气：顽皮
武工队：武装工作队

释义可有详略深浅的不同。比较对"风"（本义）的几种释义：

自然界空气流动的现象。（《小学生字典》，广东）
跟地面大致平行的流动着的空气。（《新华字典》）

跟地面大致平行的空气流动,是由于大气压分布不均匀而产生的。通常根据风力的大小,从零到十二共分为十三级。(《现代汉语词典》)

空气流动的现象。气象上特指空气在水平方向的流动。通常用风向和风速(风级)表示。风会促使干冷和暖湿空气发生交换,常是天气变化的重要因素之一。风又是一种自然能源。(《辞海》1979年版)

《小学生字典》的释义已大体恰当地解释了"风"的词义,因为凡风必定是"自然界空气流动的现象",凡"自然界空气流动的现象"必定是风。《新华字典》加上"跟地面大致平行的",如果不计"龙卷风"那样的特殊情况,那么这种释义是更为精确的。《现代汉语词典》关于风的成因和风的分级的说明则与"风"的词义无关,而纯粹是关于风的知识。《辞海》也说了一些关于风的知识。百科性词典的一个重要任务就是要通过释义告诉读者一定的知识,语文性词典附带也有给一些知识的任务,作为释义,上面几种词典的做法都是正常的。

怎样释义好,要看词语本身的特点与释义所服务的对象。例如"大"不适于作定义式的释义,只好用它的反义词"小"衬托。一般的学文化字典宜简,有的词义不解释读者本已明白,那么点一下就行,如把"哭"释为"哭笑的哭",未尝不可。百科性词典则力求对词义反映的所指物做出科学说明。为外族人编的词典与为本族人编的词典在释义上自然也有不同要求。根据这样的标准,人们可以评论某部词典释义的优劣。

对同一词语的不同释义除了有好一点和差一点的区别外,也可以有正确与错误的区别。与词义相符的释义是正确的,否则是错误的。例如:

跑:两只脚或四条腿迅速前进

这样说,跑与快走就无法区别了,竞走运动员犯规与否就不好鉴别了。又如:

鲸:海洋中生活的最大的鱼

鲸不是鱼,这一释义错了。释义的错误有时是因考虑不周密造成的;有时是因认识上的局限造成的。如果认识上的局限涉及政治思想、阶级利益,那么,这时释义就有政治倾向性,如对“民主”“政治”“自由”等词的释义往往反映出来。不能把释义中可能有的政治倾向性归结为词义的政治倾向性;除个别情况,一般的词义是无政治倾向性的。

第四章　语义单位

为什么要划分语义单位

有人把语素说成是语言中最小的语义单位，把词也说成是某种语义单位，①很不妥当。语素和词都是音义结合的双面单位，"语义单位"这一名称应当还给语义。

语义单位一般指某个语素或某个词的内容方面的单位，也指某个短语或某个句子的内容方面的单位。究竟怎样才是一个语义单位，正是本章要讨论的中心问题。很难先用一句话给它下个定义。

辨认语义单位，在短语和句子的范围内，并不困难，因为短语和句子一般（不是一概）都是单义的，即只有一个语义单位。有困难的在词和语素。词和语素通常都是多义的。

不少人用"义位"这一术语表示词的语义单位。但"义位"在不同的人可能有不同的含义。我国最早提出"义位"概念的高名凯，认为义位指一个语素或一个词的全部语义单位的结构，即任何语素任何词都有一个义位；其中各个"表抽象思维的语义成素"，他称之为"义素"。②

---

① 黄伯荣、廖序东主编《现代汉语》上册，甘肃人民出版社，1979，204—205页；王力《中国语法理论》上册，中华书局，1957，18页；王了一《汉语语法纲要》，上海教育出版社，1982，20页。

② 高名凯《语言论》，科学出版社，1963，203页。

曾经有人对他说的"义位"产生误解。因此,我们宁可运用"语义单位"这个更为明白的术语。为方便,有时我们径说"这一意义""那一意义"或"某义",实际上是"这一语义单位""那一语义单位"或"某语义单位"。

一个语素或一个词,无论包含多少语义单位,在组合中起作用的,通常只是其中某一个语义单位。这是常被忽视的常识。

往往不好笼统地说某个语素或某个词是自由的还是黏附的,要看它在哪个语义单位上。例如,"深",在"草深""道理深""感情深""颜色深"中的意义上,它能单说,是自由的;在"三尺深"(深度)"深表同情"(很)中的意义上,不能单说,是黏附的。又如,"游","鱼在水中游""游长城"的"游"是自由的,"上游""游民"的"游"是黏附的。

有时候不好笼统地说某个词属于哪一个词类,要看它在哪个语义单位上。例如,"编辑",在一个语义单位上是动词,在另一个语义单位上是名词。英语 service 在"机关部门"义上是名词,在"检修"义上是及物动词,在"军用的"义上是形容词。

往往不好笼统地说某个词的意义是模糊的还是精确的,即使模糊和精确之间容易划界,也要看这个词在哪个语义单位上。在《模糊语义》一章我们会专门谈到这一点。

同义词之间,反义词之间,未必在词的各个语义单位上都同义或反义,多数在各自一个语义单位上形成同义或反义。例如,"黑"只在"不公开"一义上与"秘密"同义;只在表颜色义上与"白"反义。

可见,分辨语义单位对于语言研究多么重要。

词典编纂工作不能不接触语义单位的划分问题。词典中的义项是客观存在的语义单位的体现,尽管词典中义项的划分的粗细在一定程度上还决定于词典的不同类型。

下面我们讨论有关词的语义单位(简称语义单位)的划分的一些理论问题。

确立语义单位的依据

规范的话语材料中为社会承认的词的固定用法是确立语义单位的依据。这包含以下几层意思。

第一,一定要是话语材料中实有的。有的词典列出“担”有“扁担”义,“宵”有“元宵,一种江米团子”义,“橡”有“橡胶树”义,“光棍”(不是“光棍儿”)有“没娶老婆的单身汉”义。这些所谓意义在话语材料中都找不到根据,因而都是靠不住的。

第二,一定要来自规范的话语材料。有首歌,开头两句歌词是:“盐工喜爱艳阳天,万里晴空好晒盐。”作者显然是把“艳阳天”当成了“大晴天”的同义语。这是个人的误解。“艳阳天”指明媚的春天,阳光和煦,微风习习,并不是晒盐的最好天气。当然不能根据不合社会规范的理解来定词义。

第三,要把词的固定用法与临时用法区别开来。日常会话中,人们常常临时赋予某些词以特殊的含义。如说:“上有飞机下有坦克,一夜都没睡着。”这“飞机”指蚊子,这“坦克”指臭虫。但不能因此而认为汉语中“飞机”新添了“蚊子”义,“坦克”新添了“臭虫”义。又如“文革”中“牛棚”曾经用以指一种特殊的去处,尽管很多地区通用,但时间不长,那也只是一种临时用法。反语也是一种临时用法,不能根据喝倒彩的“好!”而确定“好”还有“不好”一义。词的某些临时用法可能逐渐扩大运用范围,而成为固定用法,这时就给词增添了新义。例如,“红领巾”因为经常的借代而有了“少先队员”这一新义;“下马”因为经常的比喻而有了“停止或放弃某项工作、工程等”这一新义。

由于不规范与规范之间,临时用法与固定用法之间有过渡状况,界限不能划得十分清楚,因此,在确立语义单位时会有一定的困难。

归并语义单位的根本原则

概括性原则是归并语义单位的根本原则。实词和虚词各自概括的内容不同。虚词,或纯粹表达语法意义,或主要表达语法意义。一个虚词如果表达不能概括在一起的不同语法意义,它就有几个语义单位。实词虽也有语法意义,但它主要是表达词汇意义的。实词按照词汇意义中理性意义的概括情况归并语义单位。“桌子”概括了一切“上有平面下有支柱,在上面放东西或做事情的家具”,只有一个语义单位。“同胞”指同父同母所生的兄弟姐妹,也指同一民族或同一国家的人,这两者不能概括为一,所以“同胞”有两个语义单位。概括不能是无限制的。例如有人认为“打”有一个语义单位是“表示某些动作行为”,这概括就过了头。似这样,那么很多词都可以说成“表示某些动作行为”或“表示某种状态”等等,把不同语义单位的特点都掩盖了。

因为有概括性原则,同一个词在同一个时代所具有的语义单位不会太多。王力说:“同一时代,同一个词有五个以上的义项是可疑的(通假意义不在此例),有十个以上的义项几乎是不可能的。”①这话也许说得绝对了些。各种语言都有一些词,会突破这个数字,例如汉语的“打”“搞”,英语的 take,set,俄语的 идти 之类。然而,总的来说同一时代同一个词的语义单位很有限,这是事实。翻开汉语词典,常用“字”的义项往往不少,除了有时是概括不够外,那原因可能在于:一,没有严格区分时代;二,不成词的语素义也并列其间(这在汉语词典本也无可非议)。以“家”(jiā)为例,《现代汉语词典》列了 11 个义项,其中④“农家”“厂家”的“家”,⑤“科学家”“艺术家”的“家”,⑥“儒家”“一家

---

① 向熹《诗经词典》,四川人民出版社,1986,王力序。

之言”的“家”,⑦“家父”“家兄”的“家”,⑧“家畜”“家兔”的“家”在现代汉语中都已不成为词,⑦在现代并且只在极小范围内使用;⑨“这只小鸟已经养家了”的“家”也不成词,而且是方言用法;⑪作为姓氏,应是另一个词(同音词)。这样,只有①②③⑩四项才是现代汉语普通话中作为词的“家”所具有的语义单位:

① 家庭;人家:他~有五口人|张~和王~是亲戚。

② 家庭的住所:回~|这儿就是我的~|我的~在上海。

③ 借代部队或机关中某个成员工作的处所:我找到营部,刚好营长不在~。

⑩ 量词,用来计算家庭或企业:一~人家|两~饭馆|三~商店。

此外,还可能因为不区分假借义,如新编《辞海》“裁”的第八义项为:“通‘才’。仅仅。”“承”的第七义项为:“通‘丞’。辅佐。”第八义项为“通‘惩’。”有“仅仅”义的“才”只是在书写时有时借用“裁”字,“才”与“裁”是不同的词;“承”与“丞”,“承”与“惩”也是不同的词。

在概括程度上不能以甲语言的情况为标准去要求乙语言。例如,英语的 brother 就比汉语的“哥哥”或“弟弟”概括程度高,它是哥哥和弟弟的统称,即表男性同胞义,不能比照汉语而说 brother 有“哥哥”“弟弟”两个语义单位;同理,也不能比照汉语而说 sister 有“姐姐”“妹妹”两个语义单位;又如,壮语也有两个表示同胞亲属关系的词,即 bei^{42} 和 $nueŋ^{42}$,与英语不同的是,前者是哥哥和姐姐的统称,后者是弟弟和妹妹的统称,换句话说,前者表年龄较长者同胞义,后者表年龄较幼者同胞义。自然也不能比照汉语而说前者有“哥哥”“姐姐”两个语义单位,后者有“弟弟”“妹妹”两个语义单位。又如彝语表阉马、阉狗、阉牛、阉鸡、阉母猪分别用五个不同的动词:$khɔ^{33}$、 ʂɯ^{55}、ti^{21}、ɡu^{55}、tɕi^{21} ɡu^{55}，①我们不能比照彝语而说汉语的“阉”有相应的五个语义单位，“阉”的语义是对一切“割掉睾丸或卵巢的非医疗行为”的概括。

同一语言在不同时代，词义的概括情况也不尽相同，因而也不能以此一时代的情况为标准去要求彼一时代。例如，古汉语曾经以“沐”“洗”“盥”“浴”四个词分别表示洗头、洗脚、洗手、洗身四个行为，现代汉语则一概说“洗”，不能比照古代汉语而说现代汉语的“洗”有洗头、洗脚等四个语义单位。

根据概括性原则，第一，一般地说，同一个词的不同语义单位之间不能有一般与个别那样的包含关系。例如，如果“笔”既有概括一切写字画图的用具这一语义单位，又有“毛笔”“铅笔”“钢笔”等等表各种特殊写字画图用具的语义单位，这是不允许的。然而，也得承认个别时候有某种“特指义”。例如“动物”，既指与植物相对的生物的一大类，人、马、鸡、蚕、蜜蜂、蚂蚁都在内，又特指不包括人在内的那些动物。所以可以有这样的说法：“人不能像动物那样……”；如果说某某人是“动物”，那意味着骂他还不够做人的资格。英语同一个 vegetable 表达两个不同概括层次上的意义，同一个 animal 表达三个不同概括层次上的意义，如图②：

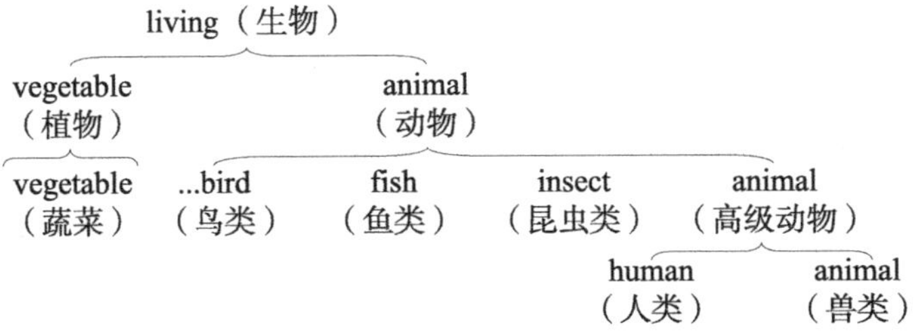

① 陈士林《彝语简志》，民族出版社，1985，52 页。

② F. R. Palmer, *Semantics—a new outline*, Cambridge Univ. Pr., 1976, p. 77.

又如“喝”，泛指“把液体或半流汁咽下去”，有时可特指“把酒这种液体咽下去”（“每晚他总要喝两杯”）；“喜事”泛指“值得祝贺的使人高兴的事”，特指“结婚的事”（“他俩办喜事了”）。特指不是漫无限制的，在同一个层次上只能有一个特指，如果处处是特指，像假设的“笔”既特指毛笔又特指铅笔又特指钢笔那样，那么实际是无所谓特指，只有一个凌驾于这所有所谓特指之上的一个概括义。另外，特指在词汇中只能是极少数的、个别的情况。①

整体与局部的关系不是一般与个别的关系，整体与局部之间不存在再概括的问题。因此，同一个词的两个语义单位可以是整体和局部的关系。例如，“杏”有“杏树”义，又有“杏树的果实”义。America 既有“美洲”义，又有“美国”（美洲的一部分）义。

第二，同一个词的不同语义单位之间当然也不能是共一个上位概念的同级关系。为什么“笔”不能有钢笔义、铅笔义、毛笔义等，因为这些都是“写字画图的用具”这一上位概念之下的同级概念。上古汉语中，“臭”既可指臭气，又可指香气，也指其他气味，那么，我们就说那时的“臭”有“气味”这一个语义单位，而不是有臭气和香气两个语义单位。

词义引申（包括由借代而来的引申）和固定的比喻用法的出现，也许意味着出现了新的语义单位，如前面举过的“红领巾”“下马”；但也可能并不增添新义，而仅仅意味着语义发生了变化。例如“笔”本来仅指竹管毛笔，到现代，有了各种各样的笔，都叫“笔”，“笔”的语义由“竹管毛笔”扩大为“各种写字画图的用具”了。又如“墨水”，本来只指黑色的写毛笔字用的墨水，到现代，写钢笔字用的红色的、蓝色的液体也

---

① “无标记成分”有时可以概括表达包括与它对立的“有标记成分”的意义在内的上位义，这也是概括原则的一种例外。详见第七章。

叫墨水，“墨水”的语义扩大为“写字用的各种颜色的水”（有的词典把毛笔用的墨水和钢笔用的墨水分列两个义项，未必妥当）。这也是概括性原则在起作用。

在感情意义一致的前提下才能谈到语义的再概括。汉语中，词中固定下来的比喻用法往往与本义在感情意义上有所不同。单凭这一点，就足以使它与本义分成两个语义单位了。例如，“包袱”“果实”本来都是中性的，“包袱”的比喻义带贬义，“果实”的比喻义带褒义，这些比喻义都是新的语义单位。

语言学界争论过“反训”问题，“美恶同辞”问题。我们认为，首先要分别，讨论的是共时现象还是历时现象。作为历时现象，词义是可以向相反方向转化的，无论理性意义还是非理性意义，例如“乱”由“治理”义转化为“紊乱”义，①“爪牙”的感情意义由褒而贬。作为共时现象，就要分别理性意义和非理性意义来说。理性意义，是不允许在共时系统内在同一个词中包含两个相反的语义单位的，因为那违反概括性原则。例如古时“臭”，既指香气，也指臭气，也指其他气味，它只有概括的“气味”义。“借”，有人说既有“借出”义，又有“借入”义，其实，“借”只有概括了借出和借入两者的单一的语义单位。英语中没有相应的概括，而用 lend 标示借出，用 borrow 标示借入。但不能用英语的情况来套汉语，正如不能因为汉语中有“哥哥”和“弟弟”的分别就断言英语 brother 既有“哥哥”义又有“弟弟”义一样。就非理性意义（主要是感情意义）来说，在同一个词的同一个语义单位上自然不可能有对立的情况，如果，它既可用于贬又可用于褒，即褒贬皆宜，实为褒贬皆无，而是中性的；但在不同语义单位上则可以有不同的感情意义，如

① 另一种意见认为这两种意义上的“乱”本是既不同音又不同字的不同的词，那又当别论。参看孙景涛《美恶同辞质疑》，载《语文研究》，1986 年第 1 期。

“包袱”（“布包袱”“思想上不要背包袱”）。甚至可以有对立的感情意义，如人们经常举到的“骄傲”一词在“自豪”和“自满”两个语义单位上的表现；“天真”一词在“心地单纯，性情直率”和“头脑简单”两个语义单位上的表现。这并不违反词义的概括性原则。

词的各个语义单位之间

一个词的各个语义单位的地位，是不是同样的？不是。这须从两个角度加以说明。

一个是历史的角度。多义词是词的历史发展的产物，一般都有一个从单义到多义的发展过程。因而各个语义单位的出现有先有后。最早的语义单位叫做“本义”，后来的叫做“派生义”或称“转义”，派生义还可以派生出派生义，所以派生义或者从本义直接派生，或者从较早的派生义派生，即间接从本义派生。人们通常对寻求词的本义表现出很大兴趣。一个词从本义到各个派生义的过程，如果完整地显示出来，是很有意思的。中国的训诂学在这方面做了大量有成效的工作。例如，据研究知道，“引”的本义是“开弓”，“引而不发”就是说把弓拉开而不把箭射出去。由“开弓”义派生出“延长”义，如“引领”就是伸长脖子，由此派生出“延请”义，如“引赵使者蔺相如”。还由“开弓”义派生出“导引”义，如“引河水”“引兵”，现在还有“引路”。①由“导引”义又派生出“惹起”义，如“引火”。又如，“主”的本义是“火把”，甲骨文的“主”字就像点着的火把。远古时期，夜晚一个火把往往是团聚人们的核心。由此派生出“主人、君主”等义，进一步派生出“主持、主要”等

① 参考洪成玉《古汉语词义分析》，天津人民出版社，1985，108—109 页。

义。[1] 又如,“归队”本义是“回到原来所在的队伍”,派生义是“比喻回到原来所从事的行业或专业”。“老乡”的本义是“对不知姓名的农民(或老百姓)的称呼”,派生义是“同乡”。“科学”本来指“反映自然、社会、思维等的客观规律的分科的知识体系”,后来也指“合乎科学的”(如“……很科学”“……不科学”)。历史短的词,本义易于确定;历史长的词,本义不一定好找,特别是本义已经早不使用的,例如“主”的本义。“表”是很早见于先秦古籍的词,东汉时许慎认为它的本义是“外衣”,近人的研究纠正了这一误解,指出“表”的本义指裘的有毛的这一面,古人穿皮衣服,皮子有毛的一面在外,所以“表”字在篆文中从“毛”。“外衣”义是后来派生的。[2] 多义词中可能本义与派生义并存,如“归队”“老乡”“科学”,也可能先起的派生义和后起的派生义并存(本义已亡),很多现代词都是这样。中国学者多把语义的派生分为引申和比喻两大类型,从而把派生义区分为引申义和比喻义。按照符淮青的解释,“关联性联系形成的新义一般是引申义,相似性联系形成的新义一般是比喻义”。[3] 例如,“表”“科学”的派生是引申,“归队”的派生是比喻。

另一个角度是共时的角度。同一时代词的几个语义单位中可能有一个是基本的或典型的,其他是非基本的或非典型的。前者在使用上占压倒优势,以致在单独提到某个多义词的时候,人们不假思索地联想到的意义就是它。例如现代汉语,“人”的基本义是作为某种高等动物的那个语义单位,至于“成人”义、“别人”义、“人手”义等等都是非基本义。“热”的基本义是“温度高”,至于“热能”义、“加热”义、“情意深厚”义等等都是非基本义。基本义不一定是本义,也不一定是较早的

---

① 据郭锡良等《古代汉语》上册,北京出版社,1981,376—377 页。

② 同上,359 页。

③ 符淮青《现代汉语词汇》,北京大学出版社,1985,65 页。

派生义。例如前面提到的“表”，作为现代汉语的词，它的基本义是并非本义的“表示、显示”（也许有人认为是“计量某种量的器具”）。

不同语言的词汇，不仅在有什么样的语义单位上有差别，而且在哪些语义单位聚合在一个词内这一点上表现出很大的特殊性。语言间词的语义单位的对应现象大量存在，例如与汉语“人”“马”“牛”“山”“水”“吃”“走”“跑”“跳”“脑袋”“脸”“眼睛”“耳朵”“太阳”“月亮”“大”“小”“高”“低”“美”“丑”等等词的基本义相对应的语义单位，在很多语言中都有。然而，语言间多义词中语义单位聚合状况的重合，看来是极少的。这一点很容易得到证明。不妨用两种语言各自的详解词典互相对照，也可以用两种语言对译词典正反对照（例如英汉词典与汉英词典两相对照）。以“手”（汉）——hand（英）为例，除了有“人体上肢前端能拿东西的部分”这一共同语义单位外，“手”还包含“亲手”“用于技能、本领的量词”等语义单位，hand 还包含“（猴子的）脚，（四足兽的）前脚”“人手”“手艺、才能”“（钟表的）指针”等语义单位。一种语言的某些多义词内语义单位的状况可能使以另一种语言为母语的人困惑不解。例如说汉语的人很难理解，为什么英语的词 blue 把“蓝色”义与“忧郁的”“淫秽的”等义聚合在一起，为什么英语的词 point 把“点”义与“必要”义聚合在一起。当然，本族人或有研究的学者可能解释出这些语义单位间曲折的联系，这种联系的形成与社会历史、民族心理等各种复杂的因素有关。

多义词是一个共时的概念，但多义词是在历史发展中形成的。多义词内部各语义单位之间的关系是否可以以语义的历史演变关系加以解释？可以，又不尽然。说可以，是因为多义词内部各语义关系之间很多正是引申的和比喻的派生关系。说不尽然，有两点理由。第一点，从历史演变的方式看，词内语义单位的派生过程基本上有连锁和放射两种类型。这点早在 1886 年就为达姆斯特克（A. Darmesteter)指出。①把他画的示意图加以简化,如下:

(第一图)

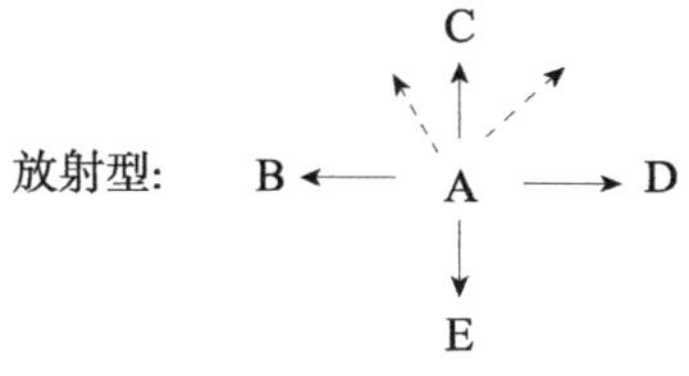

(第二图)

事实上,很多是包含连锁和放射的混合型,如:

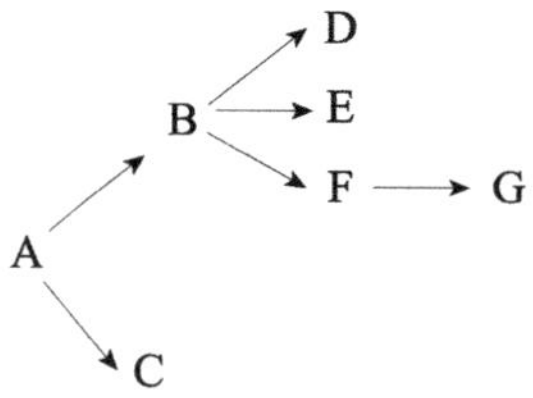

(第三图)

连锁型中,语义单位之间固然全是派生关系,包括直接的派生关系和间接的派生关系,然而放射型中却只有部分关系是派生关系,如上第二图中只有 A 与 B、C、D、E 之间是派生关系,而 B、C、D、E 相互之间都不是派生关系;混合型自然也有一些不是派生关系,如上第三图中的 BC、CD、CE、CF、DE、EF、FD。例如"引"的"延请"义与"导引"义就不是派生关系。由此可见,以语义的派生关系来解释多义词内部各语义单位之间的关系,是不够用的。第二点,语义的历史演变,除了旧义生新义之外,还有旧义变新义。旧义生新义的结果是新义与旧义并存,旧义变新义的结果是新义代替了旧义。两者遵循的规律不尽相同。旧义变新义就理性意义说,不外扩大、缩小和转移三条路,其中扩大、缩小两条就基本上不适用于旧义生新义。根据概括性原则,如果概括的范围扩大了,旧义自然地包括在新义之内,自身就不复存在。例如"布"本来只

① A. Darmesteter, *la Vie des Mots*, Paris, 1921, pp. 73—83.

指麻布,后来扩大为指包括以棉麻等织成的可以做衣服或其他物件的材料,“麻布”义也自然不存在了;另一方面,概括范围的缩小,一般只有在原先更大范围的概括不再存在的前提下实现,例如,“禽”曾经是鸟兽的总名,后来缩小为只指“二足而羽”的鸟类,“鸟兽”义也自然不存在了。可见,扩大、缩小的关系,一般不见于多义词内部各语义单位之间。

平时人们说,多义词内部各语义单位之间总得有一定的现时联系。仔细考察,这话说得不够准确。从总体上说,总是有这样或那样的联系把一个多义词的各个语义单位串起来。然而,这不意味着,词内任何两个语义单位之间都有一定的现时联系。上面说过按放射型方式产生的派生义之间没有派生关系,也就可能没有现时联系。现举现代汉语以“白色”为基本义的“白”一词为例,它的“没有效果,徒然”义(“白跑一趟”“白费力气”)与“用白眼珠看人,表示轻视或不满”义(“白了他一眼”)之间就看不出什么现时联系,虽然它们都与基本义有现时联系。再以“人”为例,它的“别人”义(“待人诚恳”)、“人的品质、性格或名誉”义(“这个同志人很好”)与“人手、人才”义(“我们这里正缺人”)之间也看不出什么现时联系,虽然它们都与基本义有现时联系。这以上是就历史演变中放射型中的各派生义之间的关系说的。即使是连锁型,间接派生义与原来的意义(如果并存)之间有时也未必能看出什么现时联系。例如,大家熟悉的“打”,由“打击”义(“打人”“打钟”“打铁”)派生出“制造”义(“打锄头”“打刀”)进而派生出“编织”义(“打毛衣”“打草鞋”),在“编织”义与“打击”义之间就谈不上现时联系。因而,当某个中间环节消失以后,联系中断,人们就会认为这表达不同语义的是不同的词(同音词)。例如,“刻”本义是“雕刻”,古代用漏壶记时,用刻度作标记,一刻为一昼夜的百分之一(相当于今天的 14 分 24 秒),即它具有古代时间单位义,现代钟表发明以后,用它表示一小时的四分之一(15 分钟),获得新的时间单位义。由于旧时间单位义的消失,“刻”的新时间单位义与本义已难看出现时联系,因此有的学者就可以提出这两个意义上的“刻”已经分化为两个词的意见了。①

由此可见,不能要求多义词内部各语义单位之间都得有现时联系。这样,我们就不必为在某些并无现时联系的语义单位之间去寻找现时联系而枉费工夫了。

对确有现时联系的某些语义单位之间的现时联系,具体描写好办,概括地进行类型描写却是个复杂的课题。世界语言词内各语义单位之间有一些共同的关系,例如比喻、借代、整体——局部关系,不同语言还有它的特殊性,例如“行为——从事这种行为者”关系在汉语中常见:“导演”“编辑”“校对”“指挥”等等。英语中则一般不用同一个词去表达类似的不同意义,多用不加或加某个后缀构成不同的词分别加以表达,例如:direct(导演,动),director(导演,名);edit(编辑,动),editor(编辑,名),compile(编纂),compiler(编纂者);proofread(校对),proofreader(校对员);conduct(指挥,动),conductor(指挥,名)。这样,“行为——从事这种行为者”关系就不存在于同一个词的不同语义单位之间。

① 周祖谟《汉语词汇讲话》,人民教育出版社,1959,41 页。

第五章　模糊语义

笼统、多义、歧义都不是模糊

“模糊”(fuzziness, vagueness)是从哲学和数学引进语言学的术语。最早对它做出科学解释的要追溯到1908年的德国学者安东·马尔蒂(Anton Marty),其后1923年英国著名哲学家罗素(Bertrand Russell),1937—1949年美国哲学教授布莱克(Max Black)等人相继都研究过模糊语义问题。1965年美国伯克利加州大学电机工程系教授扎德(L. A. Zadeh)发表论文《模糊集》,使模糊理论在一定程度上形式化、数学化,适应了现代科学的要求。我国在语言学中探讨模糊问题,从伍铁平1979年发表《模糊语言初探》①开始。

“模糊”有它专门的术语义,不能按照日常用语来理解。无论英语的fuzziness还是vagueness,也无论汉语的“模糊”,都有一个通用的意义:不清楚,不明确。如说“字迹模糊”“印象模糊”“照片上的人像模糊”等。作为术语,不能那样理解。

有的学者把笼统(generality)也看成模糊。例如罗素,一方面,他讲到bald(秃顶的,秃子),说很难用头发掉了多少根为标准加以确定;另一方面,他又讲到chair(椅子),它指各种不同形状、不同大小、不同质

---

① 载《外国语》1979年第4期;其后,伍氏陆续发表了有关模糊的论文二十余篇。

料的椅子;认为都是模糊的表现。他前一方面讲的正是学术界公认的语义模糊的例证;后一方面讲的却是笼统现象,与模糊具有不同的性质。直到现在,在一些学者的著述中,模糊与笼统仍然混淆不清。

笼统就是概括性。它是语义的普遍特性。例如,“岳父”是对“妻子的父亲”的概括,“岳母”是对“妻子的母亲”的概括。而英语的 father-in-law 则是对“配偶的父亲”的概括,包括汉语的岳父和公公,mother-in-law 则是对“配偶的母亲”的概括,包括汉语的岳母和婆婆。相对地说,英语的 father-in-law 比汉语的“岳父”,英语的 mother-in-law 比汉语的“岳母”,概括程度要高,即更加笼统。但无论是汉语的“岳父”“岳母”也好,英语的 father-in-law, mother-in-law 也好,所指称的对象范围都是确定的,都不模糊。又如,“红”是对“像鲜血或石榴花的颜色”等的概括;英语的 red 是与此大致相同的概括;都是笼统的。而“红”与“橙”与“紫”的界限都不十分明确,red 与 orange 与 purple 的界限都不十分明确。它们又都是模糊的。具有笼统特性的语义,有的模糊,有的不模糊,可见混淆笼统与模糊是不妥当的。也要看到,如果没有笼统也就不会有模糊,正是因为语义是笼统的,词语一般都标示一类一类的事物,而类与类之间的界限可能并不好划,这就给语义的模糊性提供了可能。但这两者的关系仅此而已。

多义或歧义也不是模糊,有的学者把多义或歧义也说成模糊的表现,这是不应有的混淆。多义或歧义都是说同一形式有不止一个意义,而模糊与否则是指某一意义的状况说的。例如“小点心盒子”有歧义:或者是“装点心的小盒子”,或者是“装小点心的盒子”。是否模糊呢,则看这两个意义各自的状况。我们知道,由于“小”没有绝对的标准,从而“小盒子”或“小点心”也都没有绝对的标准,上述两个意义都是模糊的,然而其模糊性并不在于有这两个意义。某一形式有几个意义时,我们不能笼而统之地说是否模糊,需要一个意义一个意义地分别考察。

例如“金”,金子义,精确;金色义,模糊。又如“半”,二分之一义,精确,如“半尺”;部分义,模糊,如“迎风户半开”。“青”有时指蓝色(“青天”),有时指绿色(“青草”),有时指黑色(“青布”),这是一词多义,尽管无论指蓝指绿还是指黑,都是模糊的。总之,多义或歧义与是否模糊不相干。

换言法或翻译法是鉴别多义或歧义与模糊的简便方法。多义或歧义通过换言或翻译可以消除。例如:

他借我一本书

谁借书给谁,有歧义。换言为“他借给我一本书”或“他向我借一本书”,歧义消除。译成英语,或者是 He lends me a book,或者是 He borrows a book from me,歧义也不复存在。而语义的模糊性无论通过换言或翻译都无法消除。例如:

他个子很高

换言为“他个子非常高”或“他个子高得很”,同样模糊。译成英语:He is very tall,仍然模糊。

模糊的特点在于边界不明

绝大多数学者对模糊现象的认识相当一致。“我们所说的模糊性,就是指某些名称的应用范围不是严格地划出的这种现象。”(马尔蒂,1908)①“……而一个语词的模糊性,就表现在它有一个应用的有限

① 转引自沙夫《语义学引论》,商务印书馆,1979,352 页。

区域，但这个区域的界限是不明确的。”（布莱克，1949）①“一个符号，如果它运用于边缘的场合比运用于清晰的场合还突出，它就是模糊的。”（赵元任，1959）②“在客观实在中，在语词所代表的各类事物（和各类现象）之间是有过渡状态的；这些过渡状态即‘交界的现象’，说明了我们所谓的语词的模糊性的根源。”（沙夫，1960）③模糊类指“其界限不是泾渭分明地确定好了的类别”，“模糊类是指该类中的成员向非成员的过渡是逐渐的，而非一刀切的。”（扎德，1971）④

简而言之，模糊的特点在于边界不明。模糊语义的特点在于词语所标示的对象的边界不明。如果词语 A 所标志的对象与非 A 所标志的对象之间没有明确的界限，就说 A 是模糊的。

有的是两头边界不明，有的是一头边界不明。例如：

老年—中年—青年—少年……

“中年”，一头与“老年”一头与“青年”边界不明，“青年”一头与“中年”一头与“少年”边界不明，而“老年”仅仅与“中年”这一头边界不明。只要有一头边界不明，就是模糊的。

模糊，要有比较。比较可以在同一语义场的相邻词语之间进行。如果词语不止两个，就形成一个序列，有的是线性的，有的是循环的。线性的序列如：

---

① 转引自沙夫《语义学引论》，商务印书馆，1979，351 页。

② 赵元任《汉语的歧义问题》，载《语言学论丛》第十五辑，商务印书馆，1988，221 页。这是文章开头第二句话，译文据伍铁平意见改正。

③ 沙夫《语义学引论》，商务印书馆，1979，352 页。

④ L. A. Zadeh, Quantitative Fuzzy Semantics, In *Information Sciences*, Vol. 3, No. 2, 1971, p. 160.

老年—中年—青年—少年……

黑—灰—白

循环的如：

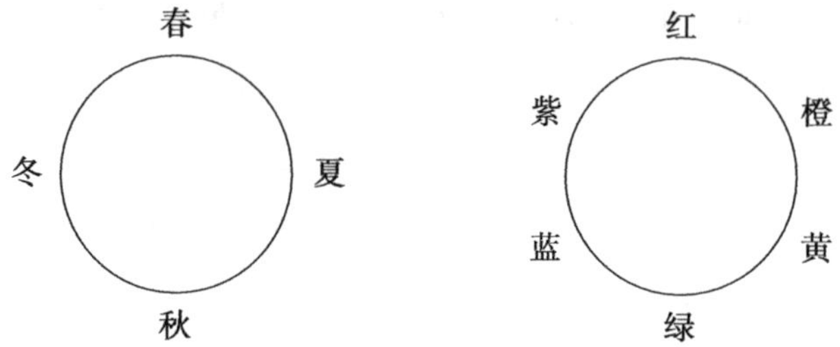

线性序列，两端词语只是一头边界不明，中间的是两头边界不明。循环序列中任何一项都是两头边界不明。

“盘子—碟子”“杯子—碗—盆”“池—湖—海”“溪—河”，city（城市）—town（市镇），mountain（山）—hill（小山），forest（森林）—woods（树林），house（房子）—cottage（小屋），都边界不明，都是模糊的。

比较也可以在A与非A（其实相邻词语也是非A）间进行。脂肪多到什么程度为“胖”，不可能精确描写，“胖”与“不胖”边界不明，所以“胖”的语义模糊。同理，“瘦”与“不瘦”也边界不明，所以“瘦”的语义模糊。“高”“低”“大”“小”不仅对不同种类对象标准不一，即使是对同一类对象，也难划出个绝对的界限，这些词语的语义都是模糊的。“高尚”与“不高尚”，“成熟”与“不成熟”，“通俗”与“不通俗”，“知识分子”与“非知识分子”，“歌星”与“非歌星”，界限都不绝对清楚，“高尚”“成熟”“通俗”“知识分子”“歌星”这些词的语义也都是模糊的。

边界不明，不意味着毫无范围；中心地段还是确定的。例如，“红”色与“橙”色与“紫”色的边界都不清楚，但“红”的中心地段清楚，所以，人们可以毫不犹豫地说天安门城楼的墙是“红”的。也正因为这样，谁也不会怀疑华罗庚是“知识分子”，毛阿敏是“歌星”，中国女排运动员郎平是“高”个子，中国电影演员陈述是“瘦”子。

为什么会有模糊语义

前面说过，没有语义的概括性（笼统）就没有语义的模糊性，语义的概括性是产生语义模糊性的必要条件。然而语义的概括性并不必然导致语义的模糊性。语义模糊性的产生另有原因。

人们很容易得到这样的印象：是事物的模糊性导致了语义的模糊性。很多实例似乎都说明了这一点。仔细琢磨，这一结论似是而非。离开了词语的标示作用，所谓事物的模糊性本身就是个含混不清的概念。世间万事万物各有特点，这条河与那条河之间，这棵树与那棵树之间，这件家具与那件家具之间，这块布的色彩与那块布的色彩之间，界限清楚。我们只能谈词语所标示的一类事物的模糊性。

模糊语义的产生，有两个方面的原因。

一方面在于语言符号的离散性与客观事物的连续性的矛盾。以离散的语言符号去标志连续的事物，就可能边界不明，产生模糊性。例如，人从出生到长大，到衰老，这一过程是连续不断的，语言中却硬要以“婴儿”“儿童”“少年”“青年”“中年”“老年”等符号，分别标志不同的年龄段，自然不能绝对地分清楚。又如，一个人在某个固定地点环顾周围，方向的变化是连续的，然而语言中通常用有限的几个词来表示方向，如“东”“南”“西”“北”，相邻的两个方向（如“东”和“南”）之间的界限就不是绝对分明的；细一点，加上“东北”“东南”“西南”“西北”，也只是分个大概，“东”与“东北”或与“东南”的划界也不是绝对分明的。又如，人们把生物分为“动物”和“植物”两大类，这两大类也不能截然划开，比如细菌是动物还是植物就有争论。于是有人主张“动物—微生物—植物”三分法，但“动物”与“微生物”之间，“微生物”与“植物”之间，界限未必就是绝对清楚的。人从猿变来，到哪一时刻是“人”而不再是“猿”，不好说，从猿到人有漫长的渐变过程。“人猿”“猿人”这些名称的出现就反映了“猿”和“人”划界的困难。

另一方面在于人类思维和交际的需要。离散的语言符号既可以模糊地标志客观事物，也可以精确地标志客观事物。例如，既可以说某某人是“青年”，也可以说他“25 岁了”，更精确些，可以说他“在世 25 年 3 个月 5 天 3 小时 57 分了”，但是在通常情况下，人们不这样思考，也不这样表达，说他是“青年”也就满足了。又如，随着科学的发展，人们发现，颜色有三要素——光波波长、饱和度、明亮度，这就可以用一些数据对颜色作定量分析，如波长 510 毫微米是“绿”的核心，波长 575 毫微米是“黄”的核心。人的视力可以相当精细地分辨好些颜色，并且可以大体精确地表达任何一种颜色，然而这种精确的表达，在日常生活中用不上。人们习惯思考的是“红、黄、蓝、绿……”或者再加上“桃红、杏黄、天蓝、墨绿……”，习惯运用的也是这些具有模糊性的词语。又如，方向，人们可以说“正东偏北 15 度 4”，能这样精确的表达，然而日常生活中人们只运用上面提到过的那几个有限的方向词进行思考和交际。

由于某种实际的需要，人们对某些词语所标示的对象范围作出量的规定。例如，气象学中规定 24 小时雨量在 10 毫米以下为“小雨”，10—25 毫米为“中雨”，25—50 毫米为“大雨”，50—100 毫米为“暴雨”……共青团团章规定：满 14 岁的才能入团，过 28 岁须退团，事实上承认 14—28 岁的为“青年”。于是有人设想，我们可以扩大人为的规定，就能大大减少语义的模糊状况。例如，可以规定有多少万人口的聚居区域为“城市”（我国公安部公布 1985 年底我国城市人口资料，称我国城市共 324 个，那是按国务院批准的“市”的行政区划定的），可以规定某月某日到某月某日为“春天”（如有的词典认为从“立春”到

“立夏”)，等等。且不说有许多词语很难作出这样的规定，如究竟多深多宽可以作为划分“河”与“溪”的标准，口径与高度怎样的比和多大的容积可以作为划分“碗”与“杯”的标准。即使可作规定的，它的运用范围也有限，例如对“小雨”“中雨”“大雨”“暴雨”的规定仅仅用于气象学，包括天气预报，但日常交际并不受此约束，并且根本不接受“中雨”之说。尽管共青团团章有它关于入团和退团年龄的规定，“中国社会科学院青年语言学家奖金章程”却规定“获奖者在其著作发表时的年龄应不超过45周岁”“在适当时期后，45周岁将改为40周岁”。两个章程，“青年”的上限28—40岁或45岁，相差多远！而在人们日常交际中，任何章程都没有权威，词典的规定也是仅供参考。

上面说的是有可能精确思维和精确表达的，人们不一定都要那样思维和表达。现在我们要说，还有若干时候，完全不允许人们作精确的思维和表达。例如问你“忙不忙?”你只能作如下这样一些模糊的回答：

> 还好。
> 忙得很哪。
> 忙得脚不沾地呀。
> 忙得连上厕所的时间都没有了。

又如你肚子疼去找医生，医生问你“怎么疼法?”——“酸疼。”“胀疼。”“刺疼。”“隐隐作痛。”“疼得要命。”……你也无法作出精确的回答。当我们为某人的先进事迹所感动时，我们关于此人所作的思考和描述，主要也只能用一些具有模糊性的词语，例如“干劲大”“助人为乐”“勤勤恳恳”之类。

包括语义模糊性在内的语言符号的模糊性是自然语言区别于人工

语言的一大特点。新一代计算机面临的重大任务之一就是解决由于自然语言的模糊性而带来的问题。

语言既有精确表达的能力,又有模糊表达的能力。语言交际既有精确表达的需要,又有模糊表达的需要。该精确的要精确,该模糊的要模糊。有人认为,语义模糊性理论的提出,是对写文章的"三性"之首的"准确性"(另外两者是"鲜明性""生动性")的否定,这是误解。精确与模糊配合得当,就做到了准确,反之就是不准确。"精确"与"模糊"既对立又统一,"准确"并不排斥适当的"模糊"。

语义模糊性的普遍程度问题

在认识模糊语义的存在之前,人们可能误以为语言表达、包括词义、句义,普遍地是精确的。在认识到这种存在之后,人们又可能以为语言中普遍地存在着模糊语义,这也是一个需要纠正的偏向。因为语言中在存在着大量的模糊语义的同时,确实还存在着不少的非模糊语义——精确语义。例如"一米七六""三元五角""上校军官""大米""白面""三角形""网球""月亮""太阳""六年级小学生"等等。

扎德关于大部分词是模糊集的名称的说法,①沙夫关于除科学术语外"模糊性实际上是所有的语词的一个性质"的说法,②也都是没有得到证实的臆断。

由于语言中多义词的数量不少,而多义词的各个语义单位并不一定或者都模糊或者都精确,那么,笼而统之地说这一些词是"模糊集"的名称而另一些词是"非模糊集"的名称,不科学。考察模糊语义的比

---

① L. A. Zadeh, Quantitative Fuzzy Semantics, In *Information Sciences*, Vol. 3, No. 2, 1971, p. 160.

② 沙夫《语义学引论》,商务印书馆,1979,352 页。

重不应以词为单位而应以词的语义单位为单位进行。

我曾经小规模地作过一点这样的考察，结果是模糊语义的比重在15%到49%之间。① 前些时候，有两位与我共同探讨模糊语义的同志，作过进一步的考察。北京市教育学院谭沅湘抽取《现代汉语词典》7个页码上的字头所属词条为对象，按义项逐一考察。共取301个义项，按最宽的限度判定语义的模糊性，结果有模糊性的义项156个，占52%，按词类分别统计，其中名、动、形三类为：

	义项总数	有模糊性的义项数	百分比
名词	151	57	38
动词	121	71	59
形容词	22	21	95

形容词的语义模糊性比重最高，其次是动词，再次是名词。

北京44中学靳光瑾专取《现代汉语词典》中的形容词为字头所属的词条为对象，计50个字头。按字头分别统计，有模糊性的义项，最低的占12%（"黄"），最高的占100%（"笨"），共取义项2010个，有模糊性的942个，占47%。

隶属度

隶属度（grade of menbership）是扎德模糊理论的重要概念。扎德在他的名著《语言变量的概念和在近似推理中的应用》中开头就说："一种现象，在能用定量的方法表征它之前，不能认为它被彻底地理解，这是现代科学的基本信条之一。"②隶属度是指特定集合中各个元

① 石安石《模糊语义及其模糊度》，载《中国语文》1988年第1期。

② 《模糊集合、语言变量及模糊逻辑》，科学出版社，1982，1页。

素隶属于这一集合的程度。$\mu A(u)$表示 u 对集合 A 的隶属度。

语义都是概括的,往往不反映单一的特定的具体对象。某个词语某个语义所反映的全体对象构成一个集合,各个对象隶属于在某个语义上的某个词语的程度,就是它的隶属度。扎德曾举 middle aged(中年)为例,认为 44—48 岁是地地道道的 middle aged,比 44 岁小一些,比 48 岁大一些是不是 middle aged? 不好简单地说,可用隶属度表示,如下表:①

年龄	40	41	42	43	44	45	46	47	48	49	50	51	52	53
隶属度	0.3	0.5	0.8	0.9	1	1	1	1	1	0.9	0.8	0.7	0.5	0.3

隶属度可以从 0 到 1,中间取小数点后一位。隶属度为 0 的,表示完全与这个集合无关,隶属度为 1 的,表示完完全全属于这个集合,例如上表中 44—48 岁隶属度为 1,即是地地道道的中年。其余,表示在一定程度上属于这个集合。隶属度为 1 的是这个集合的中心地带,隶属度在 0 与 1 之间的是边缘地带。随着与中心地带的距离拉开,隶属度递减。据上表可以作出一个坐标示意图:

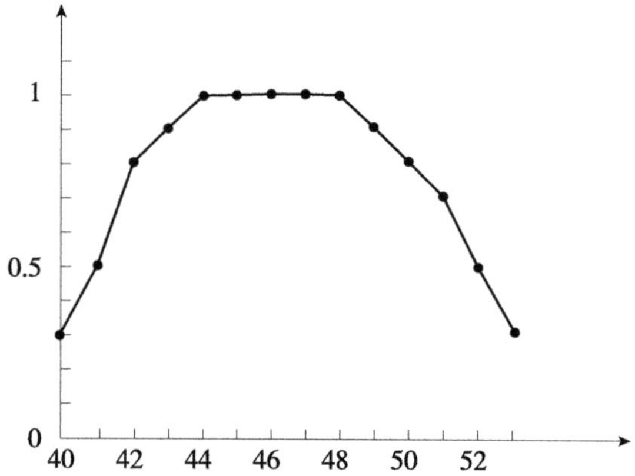

① L. A. Zadeh, Quantitative Fuzzy Semantics, In *Information Sciences*, Vol. 3, No. 2, 1971, p. 161.

可以分别写出：$\mu_{中年}$(40 岁)＝0.3，$\mu_{中年}$(41 岁)＝0.5，$\mu_{中年}$(42 岁)＝0.8，$\mu_{中年}$(43 岁)＝0.9，……

也可这样表示：〔中年〕$\frac{0.3}{40岁}+\frac{0.5}{41岁}+\frac{0.8}{42岁}+\frac{0.9}{43岁}$，……

隶属度怎样定出来的？或者由权威评定；或者通过群众性的社会调查，设被调查人数为 n，其中有 m 个人认为某元素属于某集合，即频数为 m，那么 $\frac{m}{n}$ 即其隶属度。就语义问题进行社会调查有其天然的合理性，因为语义本是一种约定俗成的社会现象。自然被调查人须有一定代表性，人数不宜太少。

有些词语语义上的相对性高，所标志的对象的隶属度的计算就相当复杂。例如“高”“矮”，小学生和中学生不同，北京学生和南方学生不同，排球运动员和举重运动员不同，人和树不同。

有些词语有关对象的隶属度不好计算，例如“好”与“坏”，“积极”与“消极”，“伟大”与“平凡”。有人称“高”“矮”“长”“短”之类形容词为计量形容词，“好”“积极”“伟大”之类形容词为非计量形容词。原辽宁师大研究生缑瑞隆统计了 2248 个比较常用的形容词，其中计量形容词只有 33 个。这表明，隶属度的计算所遇到的困难不小。

模糊度

1972 年，法国学者德·卢卡(A. De Luca)和泰尔米尼(S. Termini)首次提出对模糊的定量描写问题。①

下面是笔者关于语义模糊度的设想。

语义的模糊度指某个词语的某个语义单位所具有的模糊性的程

① D. 杜布瓦，H. 普哈德《模糊集与模糊系统——理论和应用》，江苏科学技术出版社，1987，第二篇第一章。

度。同是模糊语义,可以有不同的模糊度。

模糊度的计算以隶属度的计算为基础。

语义所反映的对象,其隶属度为0.5的或接近0.5的越多,则这个语义的模糊度越大,反之模糊度越小。因为隶属度为0.5时表明某个对象隶属于这个词语与其他词语的程度均等。在这个意义上,隶属度0.1=0.9,0.2=0.8,0.3=0.7,0.4=0.6,把隶属度0.9,0.8,0.7,0.6都分别改写为0.1,0.2,0.3,0.4,然后求出0与1之外的隶属度的平均值再乘以2,就是这个语义的模糊度。① 乘以2,是因为原先计算出的平均值上限是0.5(事实上不可能达到),而按常规,某个度量的最高值为1(0.5的两倍)为宜。例如,扎德举到的middle aged语义模糊度应为:

$$(0.3+0.5+0.2+0.1+0.1+0.2+0.3+0.5+0.3)\div 9\times 2=0.56$$

模糊度的计算可以写成数学公式。以V代表模糊度,隶属度为0.1至0.5的项数为N,隶属度0.6至0.9的项数为M,则

$$V = V_{\leqslant 0.5} + V_{>0.5} = \frac{\sum_{i=1}^{N} |0 - xi| + \sum_{i=1}^{M} |1 - xi|}{N + M} \times 2$$ ②

有了这样的计算,语义间就可以进行模糊度的比较。我们曾经就"儿童—少年……"序列和"早晨—上午……"序列进行过社会调查,结果如下:③

老年(0.56A)>儿童(0.56B)>少年(0.52)>中年(0.50)>青年(0.45)

晚上(0.66)>中午(0.55)>早晨(0.53)>上午(0.40)>下午(0.37)

这样的计算暴露出一个问题,就是"中年"与"老年"搭界,"老年"的边界也就是"中年"这一头的边界,两者边界的隶属度状况基本对称,模

---

① 乘以2,这是对笔者《模糊语义及其模糊度》一文(《中国语文》1988年第1期)的修正。

② 详见石安石《模糊语义及其模糊度》,载《中国语文》1988年第1期。

③ 同上,68页。这里的数字是"×2"之后的,与原文不同。

糊状况也就基本一致，然而“中年”的另一头与“青年”搭界，还有它模糊的边界，这样看似乎应是“中年”比“老年”的语义模糊度更高，但按照我们的计算恰恰相反。也许可以认为这是因为只考虑边界状况而完全不考虑中心地带的长度所致。设有可供比较的 A、B 两词，其有关隶属度的情况如下图。

A 和 B 中都是 N=2（隶属度都为 0.5），M=0，如不计隶属度为 1 的部分，则

$$V_{(A)} = \frac{0.5 \times 2}{2} \times 2 = 1$$

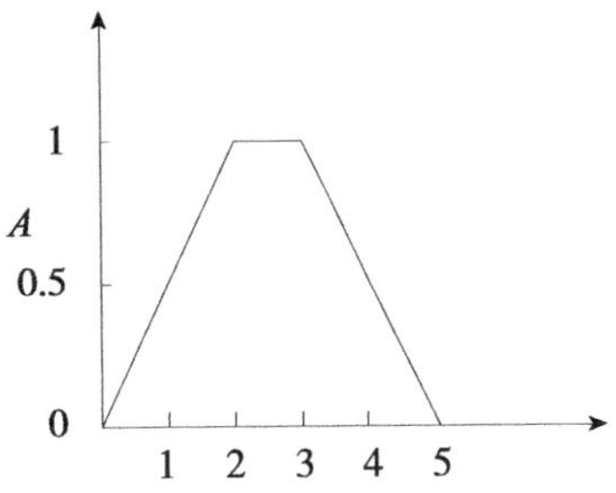

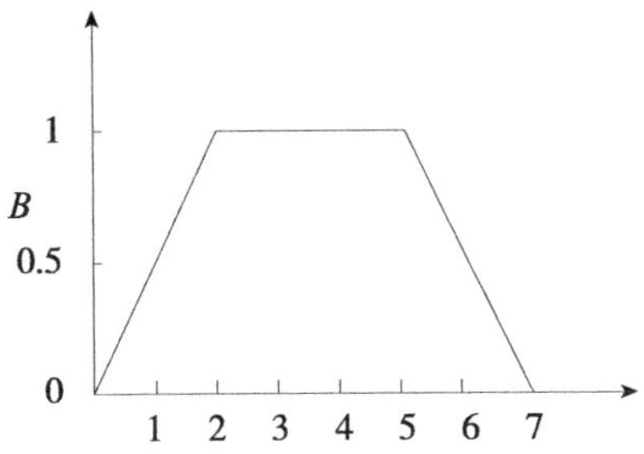

$$V_{(B)} = \frac{0.5 \times 2}{2} \times 2 = 1$$

两者相同。但如考虑到隶属度为 1 的部分，则

$$V_{(A)} = \frac{0.5 \times 2 + 0 \times 2}{4} \times 2 = 0.5$$

$$V_{(B)} = \frac{0.5 \times 2 + 0 \times 4}{6} \times 2 = 0.33$$

则 B 的模糊度显著地小于 A。按这种办法计算，“老年”的语义模糊度显然低于“中年”。不仅如此，它将比这一系列的其他名词的语义模糊度都要低，因为“老年”隶属度为 1 的地带几乎无限长（没有上限？）。

组合中的模糊语义问题

有模糊语义的词在作为构词成分与其他语素组成新词时与作为短语成分组成短语时，结果有所不同。前者可能丧失模糊性，后者则保留模糊性。以“大”“小”为例，在构词以后，成为“大麦—小麦”“大米—小米”“大白菜—小白菜”“大葱—小葱”“大脑—小脑”“大肠—小肠”“大腿—小腿”“大便—小便”“大熊猫—小熊猫”“大花脸—小花脸”“大老婆—小老婆”“大提琴—小提琴”以及“大豆”“大考”“小工”“小费”等等，都有精确语义或相当精确的语义。如果组成短语，情况不一样。例如“大房子—小房子”“大牛—小牛”“大个子—小个子”“大地震—小地震”“大城市—小城市”等等。“大车”作为词，标示“牲口拉的两轮或四轮载重车”，我国北方农村常见的一种运输工具；“小车”作为词，则或者标示我国南方农村常见的“手推车”，或者标示“汽车中的小轿车”；语义都精确。“大车”“小车”又都可以是短语，分别标示“大车子”“小车子”，语义模糊。作为词的“大提琴—小提琴”语义精确，但作为短语的“大钢琴—小钢琴”语义模糊。

也有相反的倾向，即以有精确语义的词为成分组合成词后语义模糊。如作为人的生理器官的“口”“舌”“心”“肠”等都是精确的，然而“口舌”“心肠”却是模糊的。数目字本是精确的，但组成“万一”“十分（高兴）”“半路”“三心二意”“千军万马”后却有模糊性。

扎德 1972 年提出“模糊限制成分”，包括 very，more or less，much，slightly，highly，essentially，practically 等词语。① 我们改用汉语的实例加

① L. A. Zadeh, A Fuzzy—Set—Theoretic Interpretation of Linguistic Hedges, In *Journal of Cybernetics*, Vol. 2, No. 3.

以说明。顾名思义，这类词语的主要作用是在对有模糊语义的一般词语的模糊状况加以限制。例如“高”，受到“很”的限制成为“很高”，受到“稍”的限制成为“稍高”，与“高”的模糊状况各不相同。我们仿照雷柯夫(G. Lakoff，1973)的做法，[①]假定我们谈论的对象是某一地区某一年龄段的男性的身材，那么情况会是(竖轴表隶属度，横轴表高度)：

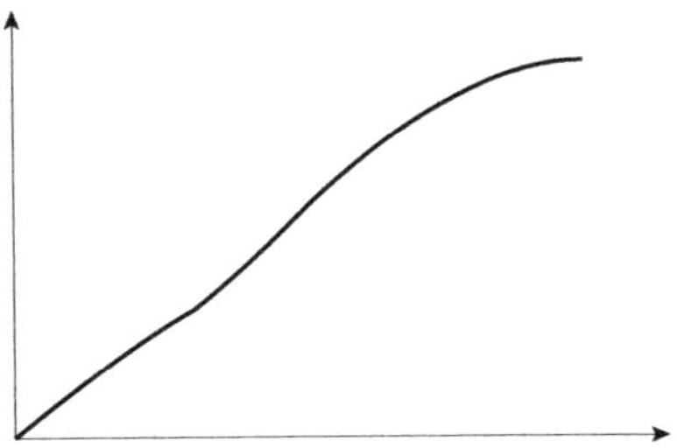

高

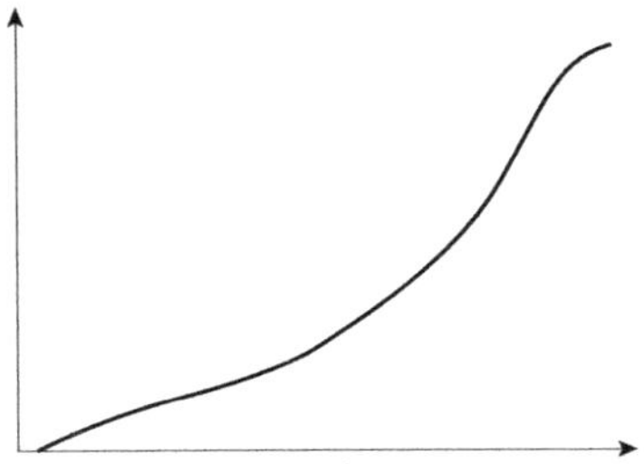

很高

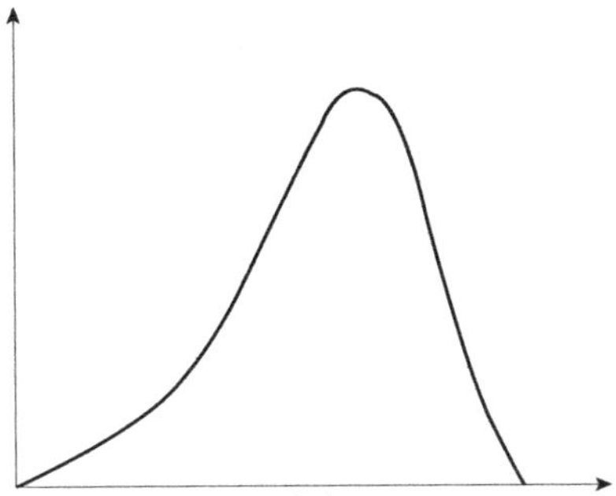

稍高

这一类在程度上加以限制的词语还有“有点儿”“比较”“相当”“特别”“非常非常”等。还有从范围或其他方面加以限制的词语，如“基本上”“大体上”“事实上”“几乎”“严格地说”“粗略地说”“在某种意义上说”“通常”“或多或少”“多半”“大约”“……左右”“……上下”“接近”等等。例如：

---

① G. Lakoff《模糊限制词和语义标准》，载《国外语言学》1982年第2期。

几乎累坏了

快到半夜了

多半熟了

模糊限制成分的另一个重要作用是使本来语义精确的词受它限制以后整个组合变成具有模糊性质的。如：

基本上是国货

三十岁上下

大约五分钟以前

几乎人手一册

第六章　语义成分

语义成分是词的理性意义的区别特征

语义成分(semantic components)又称义素(semes 或 sememes)。

20世纪40年代初期,在结构主义丹麦学派代表人物叶尔姆斯列夫(L. Hjelmslev)和布拉格学派的代表人物雅柯布逊(R. Jakobson)的著作中已有关于语义成分的考虑。科学的语义成分分析是50年代由美国人类学家创立的。代表人物是古迪纳夫(W. H. Goodenough)和朗斯伯里(F. G. Lounsbury)。语义成分分析是从60年代初引进语言学,随后得到发展的。

语义成分就是词的理性意义的区别特征。正如音位有其区别特征一样,词的理性意义也有其区别特征。词的理性意义是一束语义区别特征的总和。例如,汉语“哥哥”的理性意义就是〔+人〕〔+亲属〕〔+同胞〕〔+年长〕〔+男性〕。+表示肯定,-表示否定。〔-年长〕即〔+年幼〕,〔-男性〕即〔+女性〕。

语义成分是在词义相近的词的理性意义的比较中得出的,确切地说,是在同一语义场中的词的理性意义的比较中得出的。本书没有专门讨论语义场,这里顺便作点解释。“语义场”这一术语,首先由德国学者伊普森(G. Ipsen)于1924年提出。30年代初,另一位德国学者特里尔(Jost Trier)提出了系统的语义场理论。以后别人又做过一些研究，认识不全一致。据莱雷（A. Lehrer）1974年的说法，语义场是“意义上紧密相联的一组词，通常归属于一个总称之下”。① 这有两个问题。其一，说的不是词场，而是语义的场，所以“一组词”最好改为“一组词义”。其二，怎么“紧密相联”，太模糊。不如说是同一上位义（或上位概念）的各个词义的聚合。例如，有“同胞”这一上位义的，汉语中就是“哥哥、弟弟、姐姐、妹妹”这四个词的词义所形成的语义场，英语就有brother和sister这两个词的词义所形成的语义场。语义场有大有小，如一切亲属词的语义构成的语义场与同胞关系词的词义构成的语义场比较，前者大后者小。此外，严格地说，语义场应叫词义场，语义成分应叫词义成分。这里我们姑用陈说。

“哥哥”的语义成分〔+年长〕是与“弟弟”的〔-年长〕相比较说的，“哥哥”的〔+男性〕是与“姐姐”的〔-男性〕相比较说的，“哥哥”的〔+同胞〕是与“堂兄”“表兄”等的〔-同胞〕相比较说的……英语表同胞的词没有长幼的对比，也就没有〔+年长〕〔-年长〕这样的语义成分。壮语表同胞的词没有男女的对比，也就没有〔+男性〕〔-男性〕这样的语义成分。菲律宾他加禄语、马来语表同胞的词只有一个，既没有长幼的对比，又没有男女的对比，上面提到的两对语义成分也就都不出现。纯粹从客体来说，同胞还有双胞胎与非双胞胎的区别，同父母、同父异母、同母异父的区别，但到目前为止，我们还没发现有哪一种语言表同胞的词的词义中有反映这些区别的对比，那么，语言中也就没有相应的语义成分。

语义成分矩阵

表示一组词的语义成分的方式是列出语义成分矩阵。例如，竖标

---

① A. Lehrer, *Semantic Fields and Lexical Structure*, North Holland, 1974, p. 1.

表示语义单位，横标表示语义成分（反过来也一样），两标相交点用+-号表示。既然属于同一语义场，必然有共同的语义成分；又因为是不同的语义单位，所以各语义单位在语义成分的总和上互相区别。下面是汉语中表同胞的亲属词的语义成分矩阵：

	〔同胞〕	〔男性〕	〔年长〕
哥哥	+	+	+
弟弟	+	+	-
姐姐	+	-	+
妹妹	+	-	-

汉语中表下一辈非姻亲的亲属词，其语义成分矩阵如下：

	〔辈分〕	〔姻亲/非〕	〔近亲/非〕	〔性别(n)〕	〔性别(1)〕
儿子	<	-	+	+	
女儿	<	-	+	-	
侄儿	<	-	-	+	+
侄女	<	-	-	-	+
外甥	<	-	-	+	-
外甥女	<	-	-	-	-

“非姻亲”指出发点与称谓对象不因婚姻而形成的亲属关系。如“侄儿”是哥哥或弟弟的儿子，其间没有婚姻联系；“外甥”，是姐姐或妹妹的儿子，其间也没有婚姻联系。“辈分”下“<”表下一辈（如为“>”则表上一辈，如为“=”则表同辈）。“近亲”指直接发生亲属关系的亲属，如“侄儿”是“哥哥或弟弟的儿子”，通过“哥哥或弟弟”发生亲属关系，所以是“非近亲”。“性别(n)”指“称谓对象的性别”；“性别(1)”指第一层关系的性别，如“侄儿”是“哥哥或弟弟的儿子”，“侄儿”的“性别(1)”指“哥哥或弟弟”这一层的性别。

下面是英语中表男人、女人等以及一些动物的若干词的语义成分矩阵：

		〔动物〕	〔人〕	〔雄性〕	〔成年〕
man	（男人）	（+）	+	+	+
woman	（女人）	（+）	+	−	+
boy	（男孩）	（+）	+	+	−
girl	（女孩）	（+）	+	−	−
child	（孩子）	（+）	+		−
bull	（公牛）	+	−	+	+
cow	（母牛）	+	−	−	+
calf	（牛犊）	+	−		−

如果是“人”，那么必然也是“动物”，这时，〔+动物〕就成了多余特征，所以对有关+号加上圆括号。child 和 calf 无雌雄之分，所以在有关成分上空格。为什么本表用“雄性”而不用“男性”作为语义成分的名称，理由很清楚：后者仅仅适用于人，前者适用范围广。表格最下面 3 个词，〔-人〕够用了；如表中加上 hen（鸡），duck（鸭），dog（狗）等词，光是〔-人〕不足以使它们互相区别，那还须补充其他语义成分。

语义成分，一般采用二元对立，所以可以用“+”“-”标示。但有时二元对立用不上，只好改用别的标示方式。美国语言学家奈达（Eugene A. Nida）在分析英语中 run，walk 等 7 个表示人的肢体活动的词的语义时，列了下面的语义成分矩阵：①

	[总有一肢接触地面]	[肢体接触地面的顺序]	[接触地面的肢数]
run（跑）	−	1-2-1-2	2
walk（走）	+	1-2-1-2	2

① Eugene A. Nida, *Componential Analysis of Meaning*, Mouton, 1975, p. 75. 为排版方便，引用时在技术上作了调整。

hop(单足跳)	-	1-1-1/2-2-2	1
skip(换足跳)	-	1-1-2-2	2
jump(双足跳)	-		2
dance(跳舞)	+	变异但有韵律	2
crawl(匍匐)	+	1-3-2-4	4

第一项语义成分用的是二元对立,第二、第三项都没用二元对立。

语义成分分析的用处

语义成分分析的用处首先在于可以比较方便地解释某些用列举法难以解释的词义,能以少数语义成分说清若干词的理性意义,也便于比较词与词间理性意义的异同。

朗斯伯里调查了美洲印第安人易洛魁部落的赛纳加(Seneca)语,这种语言一共有 15 个亲属词,它所表现的情况与我们常见的语言极不相同。以它表上一辈亲属的 4 个词(以 Ⅰ Ⅱ Ⅲ Ⅳ 代表)为例。用英语的基本亲属词来注释,F=father,M=mother,B=brother,S=sister,s=son,d=daughter,这 4 个词的意思是:

Ⅰ F;FB;FMSs,FMBs,FFSs,FFFBss,等等
Ⅱ M;MS;MMSd;MFBd,MMBd,MFSd,MMMSdd,等等
Ⅲ MB;MMSs,MFBs,MMBs,MFSs,MMMSsd,等等
Ⅳ FS;FMSd,FFBd,FMBd,FFSd;FFFBsd,等等

“等等”表示还有很多很多,列举不尽。按这种办法来掌握这种语言的亲属称谓是非常困难的。但如找出区别特征,即运用语义成分分析,就相当简单,只需两对语义成分就足以使它们互相区别了。这 4 个词的语义成分矩阵如下:

	〔辈分〕	〔对象性别〕	〔父系〕
Ⅰ	>	+	+
Ⅱ	>	−	−
Ⅲ	>	+	−
Ⅳ	>	−	+

即父系男性上一辈亲属为Ⅰ,母系女性上一辈亲属为Ⅱ,母系男性上一辈亲属为Ⅲ,父系女性上一辈亲属为Ⅳ。经过全面分析,调整平衡,朗斯伯里以4项语义成分区别了这种语言全部15个亲属词。①

英语23个亲属词(限于同辈、上一辈和下一辈),就互相区别来说,每个词只用4个语义成分加以描写就够了(合起来须5个语义成分)。② 汉语亲属词的语义成分复杂一些,但数目也有限。③

喜德彝语表同胞的亲属词共有6个:

Ⅰ	vɿ^{55}vu^{33}	弟弟对哥哥的引称
Ⅱ	i^{44}ʑi^{33}	哥哥对弟弟的引称
Ⅲ	m̥a^{21}tsɿ^{55}	妹妹对哥哥的称呼或姐姐对弟弟的称呼
Ⅳ	vɿ^{55}mo^{21}	妹妹对姐姐的称呼
Ⅴ	ȵe^{33}ma^{55}	姐姐对妹妹的称呼
Ⅵ	n̥i^{21}mo^{21}	弟弟对姐姐的称呼或哥哥对妹妹的称呼④

靠以上的解释,外族人理解起来相当困难。如果运用语义成分分析就一目了然。请看这6个词的语义成分矩阵:

---

① F. G. Lounsbury, The Structural Analysis of Kinship Semantics, In H. G. Lunt (ed.), *Proceedings of the IXth International Congress of Linguists*, Mouton, The Hague, 1964, p. 1075.

② 详见石安石《亲属词的语义成分试析》,载《语言学论丛》第九辑,1982,13—15页。

③ 同上,15—19页。

④ 材料据陈士林等《彝语简志》,民族出版社,1985,247页。

	〔同胞〕	〔性别(n)〕	〔性别(o)〕	〔长/幼〕
Ⅰ	+	+	+	+
Ⅱ	+	+	+	−
Ⅲ	+	+	−	±
Ⅳ	+	−	−	+
Ⅴ	+	−	−	−
Ⅵ	+	−	+	±

“性别(o)”指出发点的性别，如Ⅰ的“性别(o)”即作为出发点的“弟弟”的性别。从矩阵可以看出，彝语同胞，同性相称时男女分明、长幼分明(ⅠⅡⅣⅤ)；异性相称时，男称女与女称男有别，但长幼不分(ⅢⅥ)。

海南文昌汉语方言中有6个表示上一辈男性旁系亲属的词，很有特色，分别是：①

伯爹：伯父，比母亲年长的舅父

叔爹：叔父

舅爹：比母亲年幼的舅父

母公：父亲的姐夫，母亲的姐夫

母爹：父亲的妹夫

姨爹：母亲的妹夫

外地人面对这样的描写很感困惑。求助于语义成分分析，得出矩阵如下：

	〔辈分〕	〔性别〕	〔近亲/非〕	〔姻亲/非〕	〔父系/母系〕	〔长/幼(2对1)〕
伯爹	>	+	−	−	±	+
叔爹	>	+	−	−	+	−
舅爹	>	+	−	−	−	−
母公	>	+	−	+	±	+
母爹	>	+	−	+	+	−
姨爹	>	+	−	+	−	−

① 材料由原北京大学研究生符策虎提供。

前3项表现完全一致，说明都是“上一辈男性旁系”。“性别”项不注明数目字，不言而喻，指称谓对象的性别。“父系/母系”也可改作“性别(1)”，因为在这6个词中第一层关系不是父亲就是母亲。“长/幼”项下括注“2对1”，表明第二层关系对第一层关系是长还是幼，如“叔爹”是叔父即父亲的弟弟，“父亲”是第一层关系，“父亲的弟弟”是第二层关系，后者比前者年幼，所以“叔爹”的“长/幼(2对1)”项下用“-”号。为什么特别要注明“2对1”，是因为在别的情况下，长幼关系可能并不发生在2与1之间。例如普通话“嫂子”(哥哥的妻子)与“弟媳”(弟弟的妻子)，“姐夫”和“妹夫”之间也都有长幼的对立，这些对立却发生在1与0之间，即第一层关系与出发点之间，这时语义成分项就应标为“长/幼(1对0)”了。文昌汉语方言上述6个词得以互相区别靠表中后3项语义成分。就是说：姻亲与非姻亲完全对立；长与幼完全对立；长者父系母系不分，但幼者父系与母系对立。

相形之下，汉语普通话中表示上一辈男性旁系亲属词的情况稍微简单一点(与此相应的是表示上一辈女性旁系亲属词)，相同的语义成分不计，列表如下：

	〔姻亲/非〕	〔父系/母系〕	〔长/幼(2对1)〕
伯父	-	+	+
叔父	-	+	-
舅父	-	-	
姑父	+	+	
姨父	+	-	

苗语大南山方言不但分伯叔舅姑，而且姨父分长幼(母之姐之夫与母之妹之夫对立)，共6个词。①

① 据王辅世《苗语简志》，民族出版社，1985，172页。

喜德彝语只有两个词：①

$pha^{55}vu^{33}$	父之兄/弟（相当于伯父、叔父）母之姐/妹之夫（相当于姨父）
$o^{33}ȵi^{33}$	父之姐/妹之夫（相当于姑父）母之兄/弟（相当于舅父）

既无姻亲与非姻亲的对立，又无父系与母系的对立，也无长幼的对立。唯一的对立存在于通婚习俗之中：叔伯亲、姨表亲不通婚，姑表亲、舅表亲可以通婚。可以称作“非通婚亲”与“通婚亲”的对立：②

	〔通婚/非〕
$pha^{55}vu^{33}$	−
$o^{33}ȵi^{33}$	+

英语、法语、德语、俄语等语言表示这些亲属的词各自只有一个，即uncle，oncle，Onkel，дядя，内部无任何对立。

对烹饪方法的名称“煮、蒸、炒、炸”等也可以运用语义成分分析。首先，分为用水类和用油类③两大类。④ 用水类：

	〔用水〕	〔接触水〕
“煮”类	+	+
蒸	+	−

其中“煮”类包括“煮”“焖”“炖”“煨”“烩”等。列表如下（共同成分不列）：

	〔大火〕	〔慢〕	〔使烂熟〕	〔紧盖锅盖〕	〔主副食混合〕
煮	±	±			
焖	−	+		+	

① 据陈士林等《彝语简志》，民族出版社，1985，246页。后一词同时还指岳父、公公，此处不论。

② 参考江获《谈谈语义场的语义特征分析》，载《彝语研究》创刊号，1987，92页。

③ 这里的“用油”是就基本方式说的，“不用油”不等于一点油都不用。

④ 分析烹饪词用分层的办法，系受原上海外国语学院研究生刘谧辰的启发。

炖	−	+	+	
煨	−	+	−	
烩①	±	±		+

用油类：

	〔油量大〕	〔不断翻动〕	〔加淀粉汁〕
炒	−	+	−
熘	−	+	+
炸	+	−	
煎	−	−	

再以“推”“拖”“拉”这几个常用动词为例，运用语义成分分析，列出矩阵：

	〔用力〕	〔使向己方〕	〔擦某物而过〕
推	+	−	
拖	+	+	+
拉	+	+	−

语义成分分析使释义形式化，特别因它多采用二元对立，有利于语义的计算机输入。如以 ABC 分别代表〔同胞〕〔男性〕〔年长〕三个语义成分，那么“哥哥、姐姐、弟弟、妹妹”四个词的语义就分别是 ABC，$A\bar{B}C$，$AB\bar{C}$，$A\bar{A}\bar{B}$。

语义成分分析，还有助于说明语法不能说明的某些词语搭配条件。如“出嫁”“有喜”这样的词所能搭配的施事名词，必须是具有〔+人〕〔−雄性〕语义成分的；普通话“喝”所能搭配的受事名词必须是具有〔+液状〕语义成分的。

什么是同义词、反义词、上下位词等，都可以从语义成分的角度作

① “烩”还有一个意思是“炒菜后加少量的水和芡粉”，未计在内。

规定。如说同义词(狭义的)是在一定语义单位上语义成分全部重合的词;反义词是在一定语义单位上某个语义成分对立的词;上下位词是在一定语义单位上一个词的语义成分中包含另一个词的全部语义成分的一对词。

语义成分分析的局限和问题

语言学家从人类学引进语义成分分析法之后,已相当广泛地用于语义分析,早已远远超出了亲属词的范围。然而至今为止,还没有见到运用语义成分分析于某一语言整个词汇的成果。这是因为研究工作还没到家,还是因为客观上不允许呢?看来更可能是后者。

语义成分理论是仿照音位区别特征理论建立起来的。但语义成分比起音位区别特征来,不知要复杂多少倍。音位区别特征,一种语言多不过十几对,世界各种语言所有的加起来也未超过二十对。语义成分呢?在任何语言中都无法说出个大概的数目。亲属词的语义成分不能用在烹饪词上,表四肢运动的词的语义成分不能用在方位词上。语义成分包罗万象。再者,有些词,如颜色词,很难运用成分分析。

有时候,同一语义场内看似整齐的对应实际并不那么整齐。莱昂斯(J. lyons)举 man、woman、adult(成年)、boy、girl、child 等词为例(参看本章开头所列的有关矩阵),他指出有两个问题。第一,按成分分析,似乎 male child(男性孩子)与 boy(男孩)同义,但一个 18 岁的 boy 肯定不是 child。第二,girl 生理上的成熟比 boy 早,即更早进入成年,然而,说某人现在是 man,就意味着他已不再是 boy,说某人现在是 woman,却不意味着她已不再是 girl,可以同时还是 girl。① 显然,语义成分分析掩

① J. Lyons, *Semantics I*, Cambridge Univ. Pr., 1981, p. 334.

盖了这种复杂性。

一些学者还从其他方面批评了语义成分分析。①

尽管如此,在局部范围内,语义成分分析的作用还是不能否认的。我们不妨有限制地应用它。

① 如符淮青《构成成分分析和词的释义》,载《辞书研究》1988 年第 1 期。

第七章　词间语义聚合关系

包含、排斥和交叉

现在讨论不同词的理性意义之间的聚合关系。这可以用概念间的三种关系加以概括。这三种关系是：包含关系，排斥关系，交叉关系。

包含关系，通常指逻辑上的上下位关系（类属关系）和等同关系。

如果 A 与 B 是上下位关系，那么 B 就是 A 的一种（或一个）。例如，“家具——桌子”“学校——大学”“运动——体操”“城市——北京”，“桌子”是“家具”的一种，“大学”是“学校”的一种，“体操”是“运动”的一种，“北京”是“城市”中的一个。就与词义相当的概念的外延来说，上位词包含下位词，因为上位词标示的对象的范围比下位词大，例如“学校”中既有“大学”，还有不是“大学”的“中学”“小学”等。图示如下：

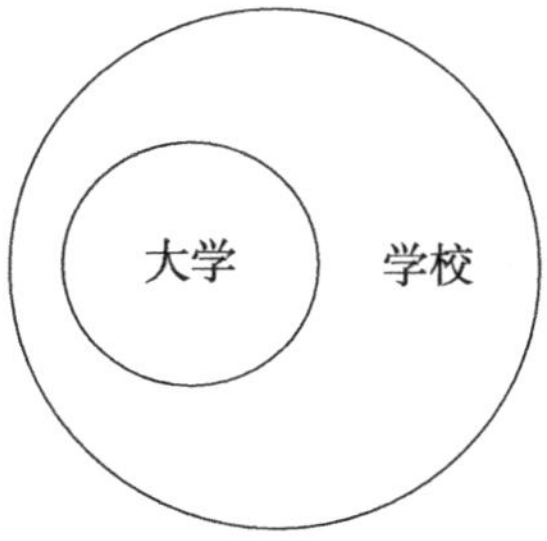

然而就与词义相当的概念的内涵来说,下位词包含上位词,因为下位词的语义成分中包括了上位词的全部语义成分,此外还有不见于上位词的独特的语义成分,例如"大学"具有"学校"所具有的全部语义成分,同时还具有"学校"所不具有、以区别于"中学""小学"等其他"学校"的独特的语义成分。图示如下:

大学{ 专门进行教育的机构——学校
实施高等教育

B 可以既是 A 的下位词,同时又是 C 的上位词。例如"桌子"既是"家具"的下位词,又是"书桌"的上位词。上下位词有直接的与间接的之别。例如"家具——桌子""桌子——书桌"是直接上下位词,"家具——书桌"则是间接上下位词。

远非所有上位概念和下位概念在语言中都有相应的词。任何语言词汇系统中都有不少空白位置,不同语言的空白位置各不相同,这是各种语言词汇系统或词义系统所表现的重要特点之一。例如,我国云南的德昂语,有表红、黄、蓝、白、黑各种颜色的词,就是没有表"颜色"的词。① 景颇族载瓦语,有青菜、白菜、萝卜等菜名,就是没有表"蔬菜"的词。② 爱斯基摩语有各种标示不同的雪的词,但没有总称雪的上位词;很多语言都有总称雪的词,但没有标示各式各样的雪的下位词。第四章我们曾经说到汉语、英语和壮语等语言中对同胞亲属称谓的不同的概括情况,这里不再重述。又如,汉语有"伯父""叔父""舅父""姑父""姨父",却无这些词的总称,即无其上位词;相反,英语、俄语、德语、法语有总称 uncle, дядя, Onkel, oncle,却无与汉语上述几个词相当的下位词。而汉语用"舅父"标志"母亲的男性同胞",并无标志"比母亲年长

① 陈相木等《德昂语简志》,民族出版社,1986,24 页。

② 徐悉艰、徐桂珍《景颇族语言简志》,民族出版社,1984,21 页。

的男性同胞”和“比母亲年幼的男性同胞”的下位词；“叔父”“伯父”是相反的情况，一个标志“比父亲年长的男性同胞”，一个标志“比父亲年幼的男性同胞”，却没有概括这两者即标志“父亲的男性同胞”的这样的上位词。

如果两个词各自有一个语义单位在理性意义上互相包含，即这两个理性意义在逻辑上是等同关系，那么在语言学中，就说这两个词“同义”。

广义地说，整体与局部的关系也是一种包含关系，不过是与上下位关系性质不同的包含关系。例如，“手——指”“鱼——鳍”“房屋——门”“中国——北京”。但“人——头”不是这种关系，因为人固然有头，非人动物也有头。集合词与个体词在语义上也是整体和局部的关系，A=B+B+B……，如“车辆——车”“马匹——马”“书籍——书”。某些等级词之间在语义上也是整体与局部的关系，A=nB，如“军——师”“丈——尺”“分——秒”。

排斥关系，在概念上是A就非B，是B就非A。不是词义间的一切排斥关系都值得注意。例如，“浆糊”与“热闹”，“蓝”与“冒昧”，在语义上距离太远，就不必管它。[①] 要管的是排斥关系中的等位关系，即共一个上位词或上位概念的各个同级下位词间的语义关系。例如，“春——夏——秋——冬”“桌子——书架——床——柜子……”。

有的是封闭的，即有这种关系的词为数极为有限，如上举的四季，又如汉语表方向的词，表基本颜色的词；有的是开放的，即有这种关系的词相对地说不出个准确的数目，如家具词。

在排斥、等位关系中有特殊重要性的是反义关系。

---

① 在特殊条件下，某些平时不发生联系的词语也可能发生联系，如鲁迅曾有文章论述“文学与出汗”；《北京日报》曾有文章谈“白塔和豆腐”。

交叉关系,A 中有 B 但不全是 B,B 中有 A 但不全是 A。例如,“妇女——青年”“山水画——国画”“精读——默读”。图示如下:

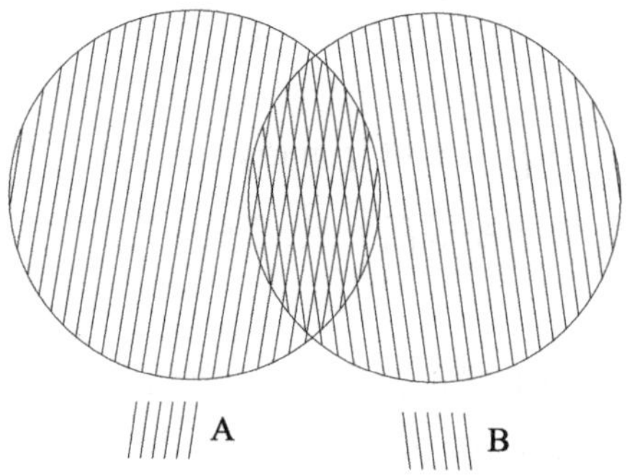

可传递与不可传递

设 A 与 B 具有某种关系,而 B 与 C 也有这种关系,则 A 与 C 也必然有这种关系。凡这种推论成立的关系是可传递关系,否则是不可传递关系。

包含关系是可传递关系。就是说,“家具——桌子”“桌子——书桌”都是包含关系,就意味着“家具——书桌”也是包含关系。既然“人——手”“手——指”都是包含关系,那么“人——指”也当是包含关系。莱昂斯指出,整体局部关系中有个别是不可传递的,如 the handle(把手)是 the door(门)的一部分,the door 是 the house(房屋)的一部分,但一般不说 The house has a/no handle(这房屋有/没有把手)或 There's a/no handle on this house(这所房屋上有/没有把手)。①

包含关系中的同义关系也是可传递的。既然“死——逝世”“逝世——亡故”都同义,那么“死——亡故”也同义。须注意的是,这里说

---

① John Lyons, *Semantics I*, Cambridge Univ. Pr., 1977, p. 312.

的都是不同词的语义单位之间的关系，不是词与词之间的关系。“好看——漂亮”同义，“漂亮——出色”同义，不能推知“好看——出色”同义，那是因为这两组同义关系不是在相同的语义单位上说的，这个推论不成立不能证明同义关系是不可传递的。

交叉关系一般认为是不可传递关系。由“妇女——青年”“青年——男人”是交叉关系，不能推知“妇女——男人”也是交叉关系；由“山水画——国画”“山水画——油画”是交叉关系，不能推知“国画——油画”也是交叉关系。

然而，“妇女——青年”“青年——画家”是交叉关系，“妇女——画家”碰巧也是交叉关系；“山水画——国画”“国画——水彩画”是交叉关系，“山水画——水彩画”碰巧也是交叉关系。这样看来，交叉关系似乎不是绝对不可传递的。因此，有人主张，传递与否不必采用二分，不妨用三分：可传递、非传递（或不定传递）和反传递。在各种情况下都传递的是可传递，如包含关系；有时传递有时不传递的是非传递，如交叉关系；在任何情况下都不传递的是反传递。

排斥关系中的反义关系是反传递关系。如“低——高”“高——矮”都是反义关系，不能因此推知“低——矮”也是反义关系；“鼓劲——松劲”“鼓劲——泄气”都是反义关系，不能因此推知“松劲——泄气”也是反义关系。除反义之外的排斥关系则是非传递关系。如“春——夏”“夏——秋”是排斥关系，“春——秋”也是排斥关系；但“桌子——椅子”“椅子——书桌”都是排斥关系，“桌子——书桌”并不因此也是排斥关系。所以这类关系是非传递的。

同义

通常以“意义相同或相近”或“大同小异”来解释同义关系，这说法叫人捉摸不定。看来得区分对同义关系的通俗的理解和科学的理解，或者广义的同义和狭义的同义。为了教和学的需要，把“严格——严厉”“薄弱——脆弱——软弱——虚弱”之类的词分组加以辨析，甚至编纂以这样的辨析为内容的专门词典，是有益的。人们称这样的辨析为“同义词辨析”，称这类词典为“同义词词典”。这些往往是从广义的理解出发的。然而对这样的“同义”，很难作出一个科学的规定。有的学者看到这个困难，于是把这样的“同义”进而分为“等义”和“近义”两类。对于“等义”有两种不同的规定，一种认为有等义关系的词，“不论从哪一方面来看，意义都相同，在语言中可以换用”①；一种认为有等义关系的词“意义几乎完全相同，所指称的事物或现象相同，不过使用起来在风格、情趣、色彩等这些附带因素方面有点区别”②。两者都能自圆其说，难于克服的困难在于如何规定“近义”的范围。主张后者的教科书解释说，“所谓近义，交错的部分有大有小”，并且画了下面的示意图：③

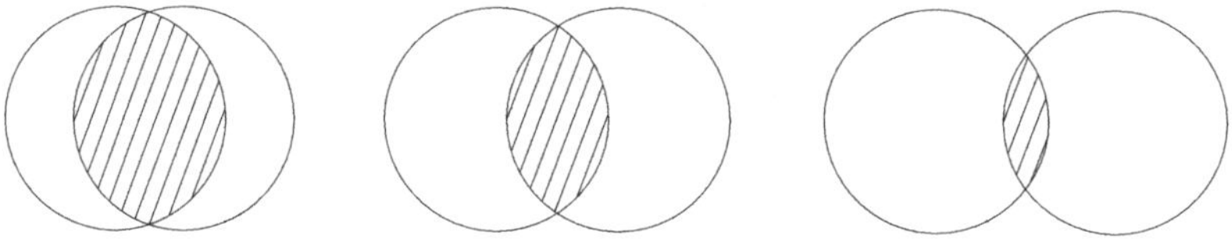

那么，无论同大于异（左图），同异参半（中图），还是异大于同（右图），或者干脆说，两者只要有任何相交之处，都可以是“近义”，从而也都可以是广义的“同义”。不同的辨析者和不同的词典编纂者可以根据需要作出各种选择，这是必然的。所以我们说，这种对于“同义”的解释是通俗的而非科学的。

---

① 黄伯荣、廖序东主编《现代汉语》上册，甘肃人民出版社，1979，219页。
② 张志公主编《现代汉语》上册，人民教育出版社，1982，187页。
③ 同上，188页。

科学意义上的同义关系，范围比通俗理解的要窄得多。它是这样一种关系：同一语言或方言中，不同的词各自某个语义单位在理性意义上互相包含，或者说，语义成分完全相合，这也就是某些人所理解的“等义”关系。

我国语言学界对科学意义的“同义”的解释，曾经有“同概念”和“同事物”的争论。有人批评“同概念”的说法，认为那样“可以从任何意义相近的实词概括出一个共同表现的概念，譬如，‘中山服’和‘西服’都表现服装的概念，‘冷静’和‘镇静’都表现内心平静而不激动的概念，等等。如此一来，任何类似这样相近的词，即所有的近义词，都可以是同义的，实际上取消了同义词和近义词的区别”。① 这是误解。批评者所说的“共同表现的概念”实际是各个词所表现的概念的上位概念；“中山服”和“西服”只是同上位概念而并不同概念。我们认为，同概念就包括概念的内涵和外延两个方面的相同，没有理由因为强调一个方面而反对另一个方面。批评者认为“犹豫——迟疑”“英勇——神勇——勇敢”都是外延一致但内涵小有差别的同义关系。② 其实，“犹豫——迟疑”在外延和内涵上都相同，自然是同义关系，不同只在后者带有文雅的风格意义；“英勇——神勇——勇敢”在外延和内涵上都有细微差别，按批评者在另一篇文章中所分析的，“英勇”和“神勇”就在“次要的义素”上有所不同。③ 须知，义素——语义成分与概念的内涵是紧密联系的。

有同义关系的语义单位，往往在非理性意义上互相区别。

第一，在感情意义上互相区别。如爱与憎，亲密与疏远，褒与贬，

---

① 刘叔新《同义词和近义词的划分》，载《语言研究论丛》，天津人民出版社，1980，69页。

② 同上，64页。

③ 刘叔新《现代汉语同义词词典导论》，天津人民出版社，1987，5页。

等等。

第二，在风格意义上互相区别。这又有几种不同的情况：

书面语风格和口语风格的对立。

不同文体的对立。例如公文的、书信的、科技的、政论的、一般文艺作品的、诗歌的，等等。

严肃的与随便的，或文雅的与粗俗的。

第三，在“内部形式”义（包括形象色彩）上互相区别。

以上三点我们在第二章讲非理性意义时已经谈到。

第四，在适应对象上互相区别。如“两——二”，在表精确数目的意义上同概念，但各自的运用范围不全相同。“两个”“第二”“三十二”中的“两”和“二”就不能自由替换。又如“美丽——漂亮”在“好看”一义上同概念，但“美丽”一般不用来形容男子。英语的 pretty—handsome 有类似情况。又如俄语 кушать—есть 都是“吃”，但前者一般只用于第二人称，用于请他人进餐的场合；врач——доктор，都是“医生”，但前者一般不作呼语使用，不和姓连用。关于汉语的“肥”和“胖”，学者们有两种不同的认识，一种认为都表示“脂肪多”，但“胖”用于人，“肥”用于人以外的动物（广州方言例外，近年新产生的个别惯用语如“减肥”例外），这是理性意义相同但适应对象有别；另一种认为，“胖”表示“人体含脂肪多”，“肥”表示“一般动物含脂肪多”，理性意义就不同，不是同义关系。①

某些词语与有关的禁忌语或委婉语形成一种特殊的同义关系。例如，“醋——忌讳”（北京）“鸡蛋——鸡子儿”“大小便——解手——上厕所——上一号”“死（了）——过去（了）——老（了）”“开刀——动手

① 王理嘉、侯学超《怎样确定同义词》，载《语言学论丛》第五辑，商务印书馆，1963，237 页。

术”“自杀——寻短见”“落后——后进”“残废——残疾人”。

有同义关系的词之间既然往往有这样或那样的非理性意义的差异，那么，它们在运用中往往就不是等值的，因此，很多时候都不能互相替换。有的学者认为：“词可以在一定的上下文中互换代用，这是构成同义性的一个必要条件。”①这不符合事实。

同义关系是同一语言或方言内部词语间的一种语义关系，因这种关系而形成的同义词是同一语言或方言的词汇系统中的现象；不同语言或方言间在语义上对应的词不宜称为同义词。例如，不宜称汉语的“书”与英语的 book、法语的 livre 或俄语的 книга 为同义词；也不宜称夏邑的“月亮帝儿”、新乡的“月奶奶”、济源的“月婆婆”、南乐的“月婆”、淮阳的“月老娘”、息县的“月姥姥”、汤阴的“明月亮”、宜阳的“月儿”、遂平的“月光”等为同义词（以上各地都在河南）。② 这些，无妨叫做语言或方言间的语义对应词。外语来源或外方言来源的借词与并存的语义上对应的固有词，处于同一语言或方言的词汇系统之内，又当别论。

反义

反义关系是排斥关系的一种，是 A 则非 B，是 B 则非 A，即 $A \supset \overline{B}$，$B \supset \overline{A}$，这是不言自明的。在此基础上，形成反义关系还必须具备以下条件：

第一，同上位概念，例如“真——假”都指真实性，“黑——白”都指非彩色，“东——西”“南——北”都是同一维上的方向。“大——低”

---

① 王理嘉、侯学超《怎样确定同义词》，载《语言学论丛》第五辑，商务印书馆，1963，242 页。

② 方言材料据贺巍《汉语方言同义词略说》，载《中国语文》1986 年第 1 期，31 页。

“小——高”自然不行。

第二，两项各处在同一轴线的两端，例如“真、假”“黑、灰、白”“东、南、西、北”中的“真”与“假”，“黑”与“白”，“东”与“西”，“南”与“北”。

第三，只在某一语义成分上对立。例如，“哥哥”在指同胞（即同辈、近亲、非姻亲）亲属关系这个前提下，在性别上与“姐姐”形成互补对立，形成反义关系；而“哥哥”与“嫂嫂”则不形成唯一成分上的对立，即不形成反义关系。对立情况如下表：

	〔辈分〕	〔近亲〕	〔姻亲〕	〔男性〕	〔长〕
哥哥	=	+	−	+	+
姐姐	=	+	−	−	+
嫂嫂	=	−	+	−	

有同义关系的词义，往往表现出各种非理性意义的差异，这已如前述。而有反义关系的词义，则要求风格上的一致；这种一致是突出两者对立的一个条件。例如，“昼——夜”与“白天——黑夜”，“真——假”与“真实——虚假”，“父亲——母亲”，“爸爸——妈妈”和“父——母”。

一般把反义关系分为互补对立和极性对立两类。

互补对立又称二元分类对立。特点是非 A 即 B，非 B 即 A，无中间的表达手段。中间表达手段指专门的词或短语“不 A 不 B”“非 A 非 B”之类。例如“真——假”“死（死亡）——活”“白天——黑夜”“阴——阳”“民主——专制”。就词义所反映的对象来说，这些对立的对象的界限不一定是绝对的，例如“白天”和“黑夜”的界限就不绝对分明，但是人们把一天二十四小时划分为“白天”和“黑夜”两个部分，认为某个时间不是“白天”就是“黑夜”，不认为有既非“白天”又非“黑夜”的第三个时段，从而也没有任何一个词或短语会表达那样一个时段。

极性对立的特点是非 A 不一定是 B，非 B 不一定是 A，有中间的表达手段。例如“大——小”“快——慢”“黑——白”“美——丑”“快乐——悲伤”“骄傲——谦虚”“严寒——炎热”“天堂——地狱”。非“大”不一定就是“小”，还可以是“不大不小”；非“黑”不一定就是“白”，还可以是“灰”；非“天堂”不一定就是“地狱”，还可以是“人间”。有极性对立关系的词，往往具有可比较性。运用某个词的时候，总是不自觉地与某个中间标准比较，如说“这个馒头小”，是与心目中一般大小的馒头相比较。中间标准可以移动，不同场合可以不同，就照相机快门的开闭来说，一秒是很慢的了，但就吃顿饭来说，一刻钟也不为慢。

我们还可以从另外的角度分出一类值得重视的反义关系：反向对立的反义关系。或者在方位、时间上反向，如“东——西”“左——右”“前——后”“过去——未来”“昨天——明天”。或者在社会关系方面反向，如“老师——学生”“师傅——徒弟”“丈夫——妻子”“主人——仆人”。或者在行为、活动进程上反向，如“收——发”“买——卖”“进——退”“上——下”“生产——消费”“团结——分裂”。

有反义关系的，有时伴以感情意义的对立。例如“香——臭”“聪明——愚蠢”“深刻——肤浅”“勇敢——怯懦”“清楚——糊涂”“文雅——粗俗”“新鲜——陈旧”。

有标记和无标记

语义上对立的一对词中，往往有“有标记”和“无标记”的区别。“有标记”“无标记”本是俄国学者特鲁别茨柯伊（Н. С. Трубецкой）用于音位学中的重要术语。例如，就浊音和清音的对立而论，带有声带颤动的浊音音位是有标记的，不带声带颤动的清音音位是无标记的（如[b]:[p]）；就送气和不送气的对立而论，送气音音位是有标记的，不送气音音位是无标记的（如[p‘]:[p]）。语言学家把这一区别推广到语义学和词汇学之中，认为英语的 host（主人）——hostess（女主人），lion

(狮子)——lioness(母狮),friendly(友好的)——unfriendly(不友好的),consistent(一致的)——inconsistent(不一致的),也有无标记和有标记的区别;汉语的"金属——非金属""革命——反革命""皇帝——女皇"也有无标记和有标记的区别。人们又发现,有标记成分在分布中往往要受较多的限制;无标记成分分布较广,有时可以概括有标记的标示范围。例如,复数 lions 可以是既有雄狮又有母狮在内的狮子,复数 lionesses 则只能都是母狮;可以说 male lion(公的狮子),famale lion(母的狮子),不可以说 male lioness(公的母狮,自相矛盾),female lioness(母的母狮,同语反复)。① "皇帝"一般指男人当的皇帝,也可以指女人当的皇帝,"女皇"则只能指后者。进一步,人们认为,那些虽然没有形式对立的但在分布上有狭与广的区别的对立(语义上)成分,也可以称为有标记成分和无标记成分。例如英语 line—curve,前者是"直线",与是"曲线"的后者对立,同时前者又可指包括直线曲线在内的各种"线条",可以说 straight line(直线)或 curved line(曲线),而后者则只能指"曲线",即前者的分布比后者广,前者是无标记成分,后者是有标记成分。又如 dog 可以专指公狗,也可以指一般的狗,bitch 只能指母狗;cow 可以专指奶牛、母牛,也可以兼指公牛,bull 只能指公牛;分布较广的 dog 和 cow 都是无标记成分,反之,bitch 和 bull 都是有标记成分。又如 high—low,good—bad,其中前一成分能而后一成分不能出现在 How... was x? 中,所以 low,bad 都是有标记的,high,good 是无标记的。汉语有类似情况,"高——低""大——小""长——短"等,前者可以而后者不可以进入"有多 x?""〔数〕+〔量〕+x"这些格式中,后者是有标记的,前者是无标记的。"天"既可以指白天,又可以兼指黑夜,如"两天(=两天两夜)过去了","夜"只能指黑夜;在"天——夜"中,"夜"是

① J. Lyons, *Semantics*, Cambridge Univ. Pr., 1981, p. 307.

有标记的，"天"是无标记的。这种对立如果出现在有反义关系的形容词之间，那么总是表示程度高的或"积极"的意义的一项为无标记的，表示程度低的或"消极"的意义的一项为有标记的，除前举的"高——低""大——小""长——短"外，汉语中还有"多——少""宽——窄""重——轻""厚——薄""远——近""深——浅""粗——细""硬——软""快——慢""浓——淡""热——冷""紧——松"等，英语中也有类似情况。

汉语中还有这样的对子："青年——女青年""护士——男护士""点心——高级点心"。前者可以兼指后者，后者不能兼指前者，而且极少用或不用"男青年""女护士""低级点心"。这里也有无标记与有标记的区别，不过已是词和短语间的语义关系了。

第八章　语义的组合

两种不同性质的组合关系

语言成分在组合中发生两种不同性质的关系，一种是语法关系，一种是语义关系。“主——谓”“述——宾”“偏——正”等等是语法关系，“施事——动作（行为）”“受事——动作”“工具——动作”“特征——事物”等等是语义关系。这两种关系都是组合中发生的；孤立的一个语言成分，比如“刀”这个词，很难说它是主语还是宾语，还是别的什么；也很难说它是施事还是受事，还是别的什么。

(1) 刀生锈了

(2) 买把刀

(3) 刀切萝卜

“刀”在(1)(3)中是主语，在(2)中是宾语；在(1)中是主体，[①]在(2)中是受事，在(3)中是工具。同时，这两种关系都具有抽象性、一般性。无论是主谓关系还是施动关系，都是从难以计数的词语间的关系抽象概括出来的。因为有这样两个重要的相似之点，所以一些学者就统称

① “主体”是笔者用的术语。

之为语法关系，把一切词语搭配问题都看成语法问题。尽管如此，还是不能忽视两者质的区别。于是，有的学者称前者为显性的或实现的语法关系，后者为隐性的或潜在的语法关系。不过，更多的人把两者分别称为语法关系和语义关系（严格地说，是语义组合关系）。笔者认为，这样更明确，更恰当。如果认为语言中一切组合关系都是语法关系，那么语义关系自然也包括在语法关系之内。但事实是不宜那样扩大语法关系的概念。从来就没有人认为音位之间的组合关系是语法关系，那么，同样，语义之间的组合关系何必要叫做语法关系呢？同时，“显性”与“隐性”的提法还有问题。任何一个词语组合都同时具有一定的实现了的语法关系和语义关系。例如

(4)他弟弟穿中山服

就“穿”和“中山服”来说，有“述宾”关系，也有“动受”关系；就“他”和“弟弟”来说，有“偏正”关系，也有“领属”关系。两种关系都是实现的，从而都是显的。从语义关系说，可能有显与隐的区别。如

(5)穿的中山服

就“穿”和“中山服”来说，语义上是“功用”和“事物”的关系，都是显的实现的关系，但又潜存着“动作”和“受事”的语义关系。由此可见，显与隐的区别确实存在，但并不存在于所谓两种语法关系之间。

那么，究竟怎样区别语法关系和语义关系呢？从本质上说，语法关系之成为语法关系，在于它与语言中一定的形式特征相联系；语义关系之成为语义关系，在于它与一定的现实关系相联系。例如俄语：①

---

① 例据刘晓波等《俄语语法·句法》，北京大学出版社，1982，122页。

(6) **Светила** *пуна*(月亮很亮)

(7) Ой, *руру* **Больно**(哎哟,手疼啊)

(8) Огцу било **жаль** *сына*(父亲很怜悯儿子)

在语法上,同是直接补语(粗体表示的)说明谓语副词(斜体表示的)的关系,在语义上,(6)表示客体的状态,(7)表示客体的感受,(8)表示客体是感受的对象。

又如汉语"看书"(受事)"住客人"(施事)"写书"(结果)"去北京"(处所)"坐汽车"(存在物)"搽脸"(被附着物)"搽粉"(附着物)"晒太阳""唱马派"(?)"吃利息"(?)"游蛙式"(?)等都是语法上的述宾关系,是在于它们共同具有某种形式特征,如总是述前宾后,都具有"AB不A?"这样的选择问式,而不管它们所反映的现实关系多么不同。另一方面,俄语

(9) Я читаю(我读)

(10) *Папы*, *мамы* нет дома(爸爸妈妈不在家)

(11) *Мне* холодно(我冷)

(12) проект составлен *инэюенером*(计划由工程师拟就)

(13) Решение *кафеэры* справедливое(教研室的决定是公正的)

以上斜体的词在语义上都是施事或主体,在于反映了大体相同的现实关系,尽管各有不同的形式表现:第一格(9),第二格(10)(13),第三格(11),第五格(12)。汉语"读了书""书读了""把书读了再说""这本书可以读""这是我读过的书"等中"读"与"书"在语义上都有动作与受事的关系,也在于反映了某种共同的现实关系,而不管它们在汉语中的形式表现多么不同。

同一种语法关系与多种语义关系对应,同一种语义关系与多种语法关系对应。总起来说,语法关系与语义关系不仅不是一一对应,而且不是一对几或几对一的对应,两者的对应情况错综复杂。这大概是世界语言的一个共性。当然,也不排斥在局部范围内,个别语法关系与个别语义关系的整齐对应。如英语的 N_1's N_2 和 N_2 of N_1 所表示的领属关系,既是语法上的又是语义上的。

分清语法关系和语义关系,有利于语言研究。我国 50 年代进行过关于主语宾语问题的讨论。对于"台上坐着主席团"和"今天开会"这类句子内部句法成分的分析众说纷纭。主要的不同意见有两种:

主语		宾语
|		|
(14)台上	坐着	主席团
|		|
状语		主语/宾语
主语		宾语
|		|
(15)今天	开	会
|		|
状语		宾语

各有各的理由,争论没有结果。如果把语法关系和语义关系分开,那么问题就很清楚。就形式特征说,比较"他写信":

他写信;他没写信;他是不是写信;他写信不写信……

台上坐着主席团;台上没坐着主席团;台上是不是坐着主席团;台上坐着主席团没坐着主席团……

今天开会;今天没开会;今天是不是开会;今天开会不开会……

设“他”“台上”“今天”为A,“写信”“坐着主席团”“开会”为B,则上述三例都有“AB,A没B,A是不是B,AB不B”这样的推导式,即具有汉语主谓关系的形式特征,“他”“台上”“今天”无疑都是语法上的主语,剩下的“信”“主席团”“会”自然就是宾语。虽然同是主语,三者在句中语义关系中所处的地位不同,一是施事,一是处所,一是时间。分别语法关系和语义关系,既看到语法关系又看到语义关系,这样既准确又全面。

1981年夏的哈尔滨语法讨论会的成果部分地体现了这一方向。会后发表的《修改要点》说:“取消宾语前置的说法,分别归入主谓词组作谓语和介词词组作状语。”例如,“这本书我没看”“我把这本书看完了”,在50年代《暂拟汉语教学语法系统》中,语义上处在受事地位的“这本书”被看作宾语,现在从形式特点出发,前者被认为是全句的主语,后者被认为是作为状语的介词词组中介词的宾语。这是一个进步。

古汉语语法分析中多年来袭用“使动”“意动”的说法。例如:

(16)天下负之以不义之名(使之负不义之名)

(17)登泰山而小天下(以天下为小)

这样的分析对于今人理解古文是很有好处的。问题在于是否要把这看成“特殊的动宾关系”。受“使动”“意动”说的启发,近人纷纷提出其他种种“特殊的动宾关系”,并且都冠以“×动”的名目,如“为动”(“争太子”:做太子为争的目的)“属动”(“傅太子”:为太子傅;傅为太子所有)“受动”(“朝诸侯”:接受诸侯朝见)“处动”(“藏之:“之”为“藏”的处置对象)“对动”(“利吾国”:对吾国有利)“因动”(“悲刖”:因刖而悲)等等,计19种之多。① 这已经引起了非议。一种意见认为“这类现

① 据晏鸿鸣《“特殊理解的动宾关系”说略》,载《语言学通讯》,华中师范大学,1989年第1、2合期,18—19页。

象实际上都是以动宾形式表达不同的语义逻辑关系”。[①] 说得很好。从语法上，没有形式的区别，统统都是动宾关系，但与多种语义组合关系相对应。

语义组合关系的种类

讲语义组合关系，得提到美国伯克利加州大学语言学教授菲尔摩的“格的语法”（case grammar）学说。菲尔摩的“格”（case），借用了西方语言中常见的语法范畴之一的名称，赋予它以新义。他说：“句子在基础中包含一个动词和一个或几个名词短语，每一个名词短语以一定的格的关系和动词发生联系。”[②]而且，在一个基础结构中，每一种格只出现一次。他这里说的名词短语（包括单个名词）与动词的“格的关系”实际就是语义组合关系。所谓“格”其实就是名词短语在一定语义组合关系中的地位。他认为，至少有这样一些“格”：[③]

施事格（Agentive），表示由动词所确定的动作能察觉到的典型的有生命的动作发生者（简称 A）；

工具格（Instrumental），表示由动词确定动作或状态而言作为某种因素而牵涉到的无生命的力量或客体（简称 I）；

与格（Dative），表示由动词确定的动作或状态所影响的有生物（简称 D）；

使成格（Factive），表示由动词确定的动作或状态所形成的客体或

---

① 据晏鸿鸣《“特殊理解的动宾关系”说略》，载《语言学通讯》，华中师范大学，1989 年第 1、2 合期，20 页。

② C. J. Fillmore《“格”辨》，载《语言学译丛》第二辑，中国社会科学出版社，1980，24 页。

③ 同上，27—28 页；周绍珩《欧美语义学的某些理论与研究方法》，载《国外语言学》1978 年第 4 期，13—14 页。

有生物，或者是理解为动词意义的一部分的客体或有生物（简称 F）；

处所格（Locative），表示由动词确定的动作或状态的处所或空间方向（简称 L）；

客体格（Objective），表示由动词确定的动作或状态所影响的事物（简称 O）；

来源格（Source），表示由动词确定的动作或状态的起点（简称 S）；

目的格（Goal），表示由动词确定的动作或状态的终点（简称 G）。

举例如下：

(1) John opened the door.（约翰开了门）

(2) The key opened the door.（钥匙开了门）

(3) The door was opened by John.（门被约翰打开了）

(4) John opened the door with the key.（约翰用钥匙开了门）

(5) The door opened.（门开了）

其中的 John 都是 A，key 都是 I，door 都是 O。而

(6) John sold Mary his bicycle.（约翰把他的自行车卖给了玛丽）

其中的 John 是 S，Mary 是 G，his bicycle 是 O。

与某个动词搭配的名词短语的格的框架决定了这个动词的类。如 open 属于[—O(I)(A)]类，sell 属于[—SO(G)]类。带括号的是可能出现但不一定出现的格。如 open 必须有客体格与之搭配((1)—(6))，可能还有工具格与之搭配（如(2)），可能还有施事格与之搭配（如(3)），可能还既有工具格又有施事格与之搭配（如(4)），也可能仅仅有客体格与之搭配（如(5)）。当然，在一定语境中的省略句不在

此限。

菲尔摩还指出，在主动态的英语句中，哪一个格的词语最有资格做主语是有规则的。它们做主语的顺序是：（1）施事格，（2）工具格，（3）客体格。因此，下列句子是不成立的：

（7）*The key opened the door by John.

（OIA 都有，但 I 做了主语）

（8）*The door opened with a key by John.

（OIA 都有，但 O 做了主语）

（9）*The door opened with a key.

（OI 都有，但 O 做了主语）

只有在无施事格和工具格时，客体格才可以处于主语位置，如（5）。从这里可以看出语义组合关系对语法关系的某种制约。

菲尔摩“格的语法”学说用令人信服的语言事实证明了不同于语法关系的语义组合关系的存在，并且在语义组合关系中抓住了句中名词短语与谓语动词之间的关系这个重点。这是它的贡献。从这个角度说，这一学说是有普遍意义的。按这一学说，看看汉语句子：

（10）春天来了（客体格）

（11）狗咬吕洞宾（施事格、与格）

（12）我们在教室开会（施事格、处所格、客体格）

（13）他给我一支笔（来源格、目的格、客体格）

（14）约翰用筷子吃饭（施事格、工具格、客体格）

但一种语言究竟有哪些“格”，或者说有哪些类型的语义组合关系,语言学家们看法相当分歧。试比较以下各例(据黑龙江大学科研处提供的邓守信专著《汉语及物性关系的语义研究》第三章的材料整理)

	菲尔摩(1968)	哈里迪(1967—1968)	切夫(1970)	邓守信(1975)
张三在哭	施事格	受影响者	施事	施事
张三很高	与格	受影响者	受事	受事*
张三死了	与格	受影响者	受事	受事*
张三杀了一个人	施事格—与格	惹起者—受影响者	施事—受事	施事—受事*
张三卖了车子了	施事格—客体格	惹起者—受影响者	施事—受事	施事—受事*
张三唱了一首歌	施事格—使成格	受影响者—范围	施事—完成物	施事—范围
张三很喜欢李四	与格—客体格	受影响者—范围	经验者—受事	受事—目标
张三是一个学生	与格—永存格	受影响者—?	受事—?	受事—范围

加*号的,各家大体一致(名称不同且不管它),但其余都有分歧,有的还相去甚远。而以上各家以"张三很高"中的"张三"为"受事"("与格"),这种认识一般中国学者恐怕都难以接受。

意见分歧没有什么了不起。问题还在于是否可能对语义组合关系进行穷尽的描写。对于语法关系,基本上可以做到穷尽描写。然而,语义组合关系比起语法关系来,不知要复杂多少倍。《现代汉语语法讲话》在讲汉语动词与它所带的宾语的语义关系时已展示了它的复杂性的一斑:"'写文章'是写出来才成为文章,'写黑格'是在黑板上写,'写魏碑'是摹仿魏碑写字。'吃饭'是把饭吃下去,'吃大碗'是用大碗吃,'靠山吃山,靠水吃水'是依赖山水为生。'糊窗户'是把窗户糊起来,'糊纸'是用纸糊上去。'洗衣裳'是把衣裳放在水里洗,'洗凉水、洗热水'是用凉水、用热水洗澡。'夏天在海岸上吹风'是让风吹。'冬天在山坡上晒太阳'是让太阳晒。……"①

---

① 丁声树等《现代汉语语法讲话》,商务印书馆,1961,37页。

菲尔摩所考虑的，还局限于句中名词短语和谓语动词间的语义组合关系；这无疑是语义组合关系中的重点，但还不是语义组合关系的全部。第一，还须考虑在非动词为谓语中心时做主语的名词短语与谓语中心的语义组合关系，例如“这办法不科学”“今天初三”，这在汉语中尤为突出。第二，句中的语义关系是多方面的，它不仅发生在直接成分之间，还发生在某些非直接成分之间。例如下面这个不太复杂的句子：

(15)他把窗户碰破了

非直接成分间发生语义关系的就有：

他—碰　　碰—窗户　　窗户—破

我们不仅要考虑谓语动词与名词短语间的语义组合关系，还须考虑谓语动词和它的修饰语之间，名词短语内部各成分之间（例如定语和中心语之间）的语义组合关系，一切可能发生语义组合关系的非直接成分之间的语义组合关系。

这是我们研究语义组合关系时所面对的客观困难。另一个困难是，如何给每一种语义组合关系作出恰当的规定，以便在确定某个名词短语与某个谓词间的语义关系是这一种而不是那一种时，最大限度地减少随意性。例如，有人举出：

(16)The wind broke the window.（风吹坏了窗户）

(17)John broke the window.（约翰弄坏了窗户）

一般认为，wind（风）是工具格，John（约翰）是施事格，理由是 wind 是无生命的而John是有生命的。然而John也许是旁人推了他一下,致使他碰破了窗上的玻璃,这时说John是施事格还不如说它是工具格,只是这又与菲尔摩关于工具格须由表“无生命的力量或客体”充当的规定冲突。看来,施事格和工具格的定义都得加以修正。也许可以这样规定:施事格表示由动词确定的行为或动作的发出者,而不管它是否有生命。这样,在一般情况下,上面两个例句中,wind和John都是施事格。工具格表示作为某个施事(无论是否在句中出现)发出的由动词确定的行为动作赖以进行的工具的客体,一般是无生命的。那么,在特殊情况下,上面的wind和John都可以是工具格。John的特殊情况前已提到。wind的特殊情况,如影视摄制人员用人造风吹坏窗户。至于

(18)刀切萝卜

(19)棒打薄情郎

“刀”和“棒”无疑都是工具格,因为“切”和“打”的行为动作都是受另外的力量(即作为施事的人)操纵的。

从上面的讨论可见,尽管我们力求对各种语义关系作出精确规定,但看来还不得不承认语义组合关系上有某些“歧义”现象。

语义组合关系异同的鉴别问题

平常我们靠直觉鉴别语义组合关系。在语言分析中不能排斥直觉,但最好不依赖直觉。

不同的语义关系对一定的变换式可能有不同的反应:有的适应有的不适应。人们于是把变换的运用看做鉴别语义组合关系异同的一种手段。例如,汉语中有这样一种变换式:

动名→“把”名动“了”

有的动名组合可以作这样的变换，有的动名组合不能，可见这两种动名组合的语义组合关系不同。例子如下：

(1)吃饭→把饭吃了

(2)切萝卜→把萝卜切了

(3)晒被子→把被子晒了

(4)吃食堂→*把食堂吃了

(5)读北大→*把北大读了

(6)晒太阳→*把太阳晒了

一般认为，凡能进行这样的变换的“动”和“名”是行为动作与受事的关系，不能进行这样的变换的不是动作与受事的关系。后一种情况的“动名”，其语义组合关系可能还各不相同，还得靠其他变换式加以鉴别。例如这样的变换式：

动名→“在”名动(名′)

(7)吃食堂→在食堂吃(饭)

(8)读北大→在北大读(书)

(9)晒太阳→*在太阳晒

能作这样变换的，如“吃食堂”的“吃”和“食堂”，是行为动作与处所的关系；否则不是行为动作与处所的关系。“读北大”似乎可以变换为“在北大读”。事实上两者的基本意思不同，前者表示某人是北大的学生，“北大”在这里不仅仅是处所；而后者，在北大校园内读书的却不一定是北大的学生。所以这一变换是不能成立的。变换的基本原则之一是变换前后基本语义相同，也就是说有关词语间的语义组合关系相同。这里带来一个问题，既然已经先有辨认语义组合关系的异同的能力，何必还需变换式来鉴别！看来，运用变换式只是对于直觉辨认语义组合关系异同的一种验证手段，并不是严格的鉴定语义组合关系异同的手段。

菲尔摩提出一种鉴别语义关系异同的办法，有一定价值。我们称之为"并列联结法"。"只有表示相同的格的名词短语才可以联结。"①这联结专指并列联结。例如可以说：

(10) John broke the window.（约翰毁了窗户）

(11) A hammer broke the window.（榔头毁了窗户）

但不可以说

(12) * John and a hammer broke the window.

（约翰和榔头毁了窗户）

John（约翰）和 A hammer（榔头）分别都可以做上面句子的主语，语法和语义都搭配得当；然而两者并列联结之后放在同样的位置，在语义上却让人感到别扭，这表明两者是不同的格，即两者在前两句话中分别与 broke（毁了）组成不同的语义关系。事实的确如此，前者是施事与行为动作的关系，后者是工具与行为动作的关系。

以汉语为例，"我们开会"和"今天开会"都可以说，但不可以说"我们和今天开会"，可见"我们""今天"各自跟"开会"的语义组合关系不同，一个是施事与行为动作的关系，一个是时间与行为动作的关系。

---

① C. J. Fillmore《"格"辨》，载《语言学译丛》第二辑，中国社会科学出版社，1980，25 页。

“刷墙”和“刷灰浆”都可以说，但不可以说“刷墙和灰浆”，可见“墙”和“灰浆”各自跟“刷”的语义组合关系不同，一个是被附物与行为动作的关系，一个是附着物与行为动作的关系。“考大学”“考物理”“考研究生”都可以说，但不可以说“考大学和物理”“考物理和研究生”或“考大学和研究生”，可见“大学”“物理”和“研究生”各自跟“考”的语义组合关系不同，“考大学”是说以进大学为目的而进行考试，“考物理”是说以物理为科目而进行考试，“考研究生”是说争取获得研究生入学资格而进行考试（就考生来说），或者主持对研究生的考试（就教师来说）——这些语义组合关系分别以什么术语来概括，还说不好。“皮鞋商店”“知青商店”“日夜商店”都可以出现在商店的招牌上，但不可以有“皮鞋和知青商店”“知青和日夜商店”“皮鞋和日夜商店”之类说法（“知青皮鞋商店”“知青日夜商店”“日夜皮鞋商店”可以，但这不是并列联结），可见“皮鞋”“知青”和“日夜”各自跟“商店”的语义组合关系不同，一个是说以皮鞋为经营的商品的商店，一个是说以知青为经营者的商店，一个是说日夜都为营业时间的商店——用什么术语概括，一时也还说不好。但上面指出的事实确实存在。

须注意并列联结法的局限。语义关系不同的固然不能进行并列联结，但不能进行并列联结的未必都是语义关系不同。例如，“带干粮”“带馒头”都可以说，但不可以说“带干粮和馒头”，那是因为“干粮”与“馒头”在逻辑上是包含关系，有包含关系的词语一般不宜并列联结。用并列联结法鉴定语义组合关系的异同时要排除这类情况。换句话说，用并列联结法确定“异”时要谨慎一些。

词语搭配中的语义要求

既然词语间既有语法关系又有语义关系，那么，词语间的搭配不当

也有两种性质的:语义上的和语法上的。语义上的搭配不当是因为这样说不合事理。例如:

(1)宋长荣的成功说明了一个问题,十年浩劫给戏曲艺术带来的严重摧残,是可以通过我们中、青年戏曲演员的刻苦努力、用心钻研来得到恢复的。

"摧残"要"恢复",岂不糟糕,显然有悖原意,语义上搭配不当。语法上的搭配不当是因为这种语言没有这种说法,例如:

(2)教师们的奉献精神值得我们的学习。

这句话的意思大家都懂,只是人们习惯上都不这样说。汉语动词"值得"要求带谓词性宾语,而现在的"我们的学习"却是体词性的;取消其中的"的"字,变为谓词性的,就通顺了。原话语法上搭配不当。

凡是语义组合关系的词语互相都有一定的语义要求。这种要求往往可以以需要某种语义成分的方式来表示。例如,"游行""留学""投降""打猎""签字""学习""邀请""赠送""起誓""走私"等等词语,要求与之搭配的主体或施事词语必须是具有〔+人〕这样的语义成分(或由人组成的团体)的;而"侵蚀""溶化""下凡""下蛋""开花"等等词语,则要求与之搭配的施事词语必须是具有〔-人〕这样的语义成分的。"婀娜""窈窕""妩媚""仪态万方",要求与之搭配的主体词语必须是具有〔+人〕〔-男性〕这些语义成分的。"喝"要求与之搭配的受事词语包含〔+具体物质〕〔+液体状态〕这样的语义成分,或者至少不允许它的受事词语包含与上述语义成分相冲突的语义成分;"吃"则要求与之搭配的受事词语换〔+液体状态〕为〔+固体状态〕("药""奶""油"例外,需另加解释)。对于与之搭配的施事词语,“吃”“喝”都要求具备〔+动物〕这个语义成分的。

词典中在释义部分有时加圆括号注明的文字表明有关的词对与之搭配的词语在语义上的要求。例如:

(3)吠:(狗)叫

(4)嘶:(马)叫

(5)打鸣儿:(鸡)叫

(6)干预:过问(别人的事)

(7)敢于:有决心,有勇气(去做或去争取)

(8)告状:(当事人)请求司法机关审理某一案件

(9)聚会:(人)会合

(10)就中:居中(做某事)

(11)磨灭:(痕迹、印象、功绩、事实、道理等)经过相当时期逐渐消失

与词语组合的语法上的相互要求比较,语义上的相互要求有相当大的弹性。比如,在一定条件下,非动物性词语也可以与专与动物性词语搭配的词语搭配,非人词语也可以与专与表人词语搭配的词语搭配:

(12)风在吼,马在叫,黄河在咆哮

(13)老猪嫁女

(14)黄鼠狼给鸡拜年

这时,“风”“黄河”临时获得了〔+动物〕的语义成分;“老猪”“黄鼠狼”临时获得了〔+人〕的语义成分;即以物拟动物,以动物拟人。反过来,

也可以以人拟动物：

(15) 匪徒们夹着尾巴逃走了

这些在修辞上有很好的作用。类似这样的灵活运用还有多种表现。然而这些事实不能否定词语在组合上须有一定的语义要求。

组合体与其成分在语义上的联系

语素是最小的成分，合成词是语素的组合体。就词与短语来说，词是组合成分，短语是组合体。与句子比较，词或短语都是成分，句子是组合体。句子可以作为成分，组成更大的组合体——句群……一般地说，组合体的语义与各个成分的语义都有一定的联系。下面我们讨论句子内部各组合体与其成分在语义上的联系。还须说明，这里说的句义限于句子固有的意义。

有这样一种流行的说法：有些组合体的意义不是它的各个组成部分的意义简单的总和，比如说，"黑板"并不就是"黑"色的"板"，"河马"并不等于"河"中的"马"。这个论断的反面就是：有些组合体的意义是它的各个组成部分的意义简单的总和，比如说，"木板"就是"木"头"板"子，"走路"就是在"路"上"走"。人们在仔细考察之后会发现，这种说法把复杂的情况简单化了。

试问，"木板"为什么不能是做"板"子的"木"头的意思呢？原来人们认为"木板"是一种偏正结构，"木"修饰"板"，"木"表示的是原料，"板"表示的是制成品，所以才有"木"头"板"子的意义。又如，我们知道"蜂"的意义，又知道"蜜"的意义，似乎因此就知道了"蜂蜜"的意义，其实不是这么简单，至少还须知道"蜂"是修饰"蜜"的。不然的话，为什么同是这两个成分,排列顺序颠倒一下,就成了具有另一种意义的“蜜蜂”了呢?又如,我们既可以说“吃烙饼”,又可以说“烙饼吃”,成分相同,意义不同,这也涉及语法关系,前者是述宾,后者是连谓;其中两个“烙饼”,成分相同,排列顺序也相同,但前者是偏正结构,后者是述宾结构,意义也就不同。

这还不够。仅仅知道成分的意义和成分间的语法关系,还未必就知道组合体的意义。例如,“布鞋”和“雨鞋”都是由两个名词性成分组成的偏正结构,但“布鞋”指以“布”为面料的“鞋”,“雨鞋”却是指以防“雨”为功能的“鞋”,两者语义组合关系不同。又如,“皮鞋商店”和“知青商店”都是由两个名词成分组成的偏正结构,但“皮鞋商店”是出售“皮鞋”的“商店”,“知青商店”则是“知青”开办或售货的“商店”(当然不能是出售“知青”的“商店”,反过来,“皮鞋商店”也不能是“皮鞋”开办或售货的“商店”),两者语义组合关系迥异。又如可以说“请了顾问就要发挥顾问作用”,又可以说“当顾问就要发挥你的顾问作用”,两个“顾问作用”,成分及其排列顺序相同,语法关系相同(都是定语与中心语组成的偏正关系),但是语义组合关系不同,前者是“顾问”起的“作用”,后者是起“顾问”那样的“作用”。可见,成分的意义,一定的语法关系加上一定的语义组合关系,才得出组合体的意义。以上还只是就只包含两个成分的组合体说的,如果不止两个成分,那么组合体意义的形成还得考虑到层次的因素。

总而言之,组合体的意义是其成分的意义的简单的总和那样的事,严格说来,是没有的。

上面说到的还不是情况的全部。还有另外的情况:组合体的意义甚至不是由其成分的意义、一定的语法关系和一定的语义关系所能确定的。通常人们所谓某些组合体的意义不是其成分的意义简单的总和,正是这类情况。这主要表现在很多合成词的意义与组成合成词的各语素的意义之间,也表现在某些固定短语的意义与组成固定短语的各个词的意义之间。下面我们只说词义与语素义的联系。

我们在第二章已经指出过,就大部分合成词来说,词义仅仅可以从构成词的语素的意义得到一定的启发。构成成分的意义、一定的语法关系加上一定的语义关系,如果勉强可作为形成这类组合体意义的基础的话,那么由这基础到组合体意义,还须经过这样或那样的变化。

最常见的变化是增添了语义成分,缩小了指称范围。例如,“黑板”不仅是黑色的板,而且须是为教学或宣传用而可以在上面用粉笔写字的。“粮草”不是一般的“粮食”和“草料”,而是专供军用的。“地主”不等于土地的主人,而是占有土地、自己不劳动、以剥削农民为主要生活来源的人。“出车”,不是一般的开出车辆,而是带有载人或运货任务的。英语的 blackboard 与“黑板”类似;gunman 似乎应是持枪的人,但在美国英语中则指持枪行劫的歹徒。

另一种重要的变化是改变了语义成分,指称范围发生了转移。例如,“司令”按字面讲,指发号施令的行为,实际上指司令者,即军队的主要指挥员。“司机”,按字面讲,指操作机械,但实际上指开汽车或火车的人。“司令”“司机”同时都还有缩小指称范围的特点,因为“司令”不是一般发号施令的人,“司机”不是操作任何机械的人。与此相仿的,还有“扶手”(能让手扶住的东西)、“开关”(管开关的装置)。而英语的 pick-pocket,字面上看是扒窃衣袋,意义是“扒手”,breakwater,字面上看是止水,意义是“防波堤”。用比喻什么来作为组合体的意义是大角度的转移。例如,“地下”:“秘密活动的”。“冻结”:“阻止流动或变动(指人员、资金等)”。“分寸”:“(说话或做事的)适当限度”。“风波”:“纠纷或者乱子”。“喉舌”:“代言人或宣传机构”。英语 hen - peck(母鸡—啄)的意义是“(妻子对丈夫)占上风”;变形容词 hen - pecked,成了“怕老婆的”;dog - hole(狗洞)的另一个意义是“破旧简陋的房间”。有的,整体义与成分义矛盾。例如“用石墨或加颜料的黏土做笔心的笔”却叫“铅笔”;分明是石油液化气,人们却习惯于称之为“煤气”。

第三种变化是个别构成成分的意义在组合体中消失。例如,“国家”有“国”无“家”,“兄弟”(后一音节轻声)有“弟”无“兄”,“忘记”有“忘”无“记”,“质量”有“质”无“量”,“扬弃”(日常用语)有“弃”无“扬”,“风火墙”实为“火墙”——“风”只作陪衬。喜德彝语ɕʅ$^{33/44}$khɯ^{33} 从构词语素上说是“清淡+苦”,词义却是“清淡”;ŋ̊o^{44}ʑʅ^{33} 从构词语素上说是“哭+笑”,词义却是“哭泣”。①

极端的情况是看不出组合体与其成分间意义上的联系。例如,汉语中个别的词。“王八”,又写作“忘八”:“乌龟或鳖的俗称”,又是骂人的话。这意义与“王(忘)”和“八”的意义是什么关系?“买东西”“装东西”的“东西”,虽有几种考证性的解释,终难令人信服它与“东”“西”在意义上的联系。

① 陈士林等《彝语简志》,民族出版社,1985,45页。

第九章　歧义

研究歧义问题的意义

两千三百多年前，大约相当于我国孟夫子的时代，古希腊学者亚里士多德（Aristoteles）就已在他的《工具论·辨谬篇》等著作中探讨了歧义问题，那是为哲学论辩中的语言运用服务的。现代学者主要从理论上研究歧义问题。恩普森（W. Empson）的《歧义七型》（*Seven Types of Ambiguity*，1930）和柯艾（J. G. Kooij，1971）的《自然语言的歧义》（*Ambiguity in Natual Language*，1971）分别是30年代初和70年代初出的专著。赵元任的《汉语中的歧义问题》（*Ambiguity in Chinese*，1959）是我们见到的最早的一篇关于自然语言歧义的理论探讨的专论。①

现代语言学史上，歧义问题不止一次成为某个新的语言学派崛起时向传统阵地进击的突破口。美国描写语言学家批评传统语言学不能解释因结构层次不同而产生的歧义现象，例如：

（1）old men and women

（2）the king of England's people

---

① 译文载《语言学论丛》第十五辑，商务印书馆，1988。

仅用传统的“中心语”“修饰语”一套概念进行分析，无法说明为什么(1)既可以是 old men/and women（年老的男人，还有女人），又可以是 old/men and women（年老的男人和年老的女人）；也无法说明为什么(2)既可以是 the king/of England's people（英国人的国王），也可以是 the king of England's/people（英国国王的人民）①。乔姆斯基（N. Chomsky）则指出，描写语言学对于句法层次和句法关系都相同的组合的语义结构的歧义现象无法解释，例如：

(3) the love of God

(4) the shooting of the hunters

句法层次和句法关系都不变，然而，(3)既可以是“上帝爱（人们）”，又可以是“（人们）爱上帝”；(4)既可以是“猎手们射击”，又可以是“向猎手们射击”。乔姆斯基认为，这只有从各有不同的转换式来源加以解释，例如，(4)就有这样两个不同的转换式来源：

(4) a　the hunters shoot

b　they shoot the hunter②

乔姆斯基甚至声称，一种语法学的确当性就看它解释歧义现象的本事。③

歧义问题为什么如此受到重视，那是因为它面对的是语义与形式

---

① Rulon S. Wells, Immediate Constituents, In *Language* 23, 1947, § 30.

② Noam Chomsky, *Syntactic Structures*, Mouton & Co. 'S-Gaven hage, 1957, p. 89.

③ 同上，p. 86。

的矛盾的一个方面，即同一形式与不同意义相联系这一个方面（另一个方面是不同形式与同一意义相联系），这是自然语言不同于人工语言的特点之一。同一形式为什么有表达不同意义的能力，这同一形式隐含着什么样的差异，都有哪些类型，考察这些，不能不提高人们对语言现象的认识，推动研究方法的改进。

歧义问题的研究，对于说话和写作的实践，自然也是有帮助的。

歧义现象不限于语言。作为视觉形象的图画中也大量存在歧义现象。例如下面的图画：

左图或者是一个男人的正面头像，或者是一个低头侧坐的姑娘。右图如看不着墨的部分，是个高脚酒杯；如看着墨的部分，则是两个人面对面。伦敦自然科学博物馆普及馆内挂着一块牌子，画着这样的图：

图旁注上文字：Duck or rabbit?（是鸭子还是兔子？）很吸引参观者。图画的左上部分可以看成嘴，那么整个图形是鸭头；左上部分也可看成耳朵，那么整个图形是兔子头。这些以图形、线条为表达手段的歧义现象，心理学家十分关注。它与语言歧义现象本质上是相通的。

关于“同形”

歧义按说应称同形歧义，即同一形式的话语或话语片段可能表达不同意义的现象。如果不同形，就无所谓歧义。例如：

(1)春天来了

(2)春天到了

(3)春天到来了

(4)这是春天了

(1)—(4)一个形式表达一个意义，谁也不会认为这当中有歧义现象。

需要探讨的是何谓同形。不能把同形理解得过于狭窄。例如不能认为须相同的词或语素以及相同的排列才是同形。如果那样，首先就把因为同音词（不同的词）或同音语素（不同的语素）而形成的歧义排除出去。例如：

(5)这种食物可以 zhì（致/治）癌

(6)这是他的权 lì（力/利）

其次也把因为词与短语的同形而形成的歧义排除出去。例如：

(7)包饭（吃）〔短语〕——（吃）包饭〔词〕

同样的道理，也不好说“同一个句子”或“同一个短语”才是“同形”，事实上歧义现象往往都不是属于“同一个句子”或“同一个短语”

的，例如例（5）的“这种食物可以 zhì（致）癌”和“这种食物可以 zhì（治）癌”就不是“同一个句子”；人们常讨论的歧义句“鸡不吃了”（鸡不吃食了）和“鸡不吃了”（不吃鸡了）也不是“同一个句子”；自然，作为有不同意义的上节例（1）的 old men and women 也不是“同一个短语”。正因为如此，我们不能同意称歧义句为“多义句”。

那么，究竟该怎样理解“同形”呢？

口头上的同形与书面上的同形具体条件不一样。①

语音是口头交际诉诸人们感官的形式。口头上同形的首要条件是音位及其组合相同；音位包括音质音位和非音质音位。另外，还须语调类型相同，包括有区别作用的停顿、逻辑重音等相同。文字是书面交际诉诸人们感官的形式。书面上同形的首要条件是字及其排列相同；异体字、对应的繁简字不能看做不同。书面上同形还应包括标点符号相同；中国的古版书或古代的手抄本很多没有标点，以致后人多有不同的断句和不同的理解。字与字的排列也是一种形式。有人曾经在报纸上写一短文，②说北京某饭馆的大玻璃窗上红漆大字这样写着：

大	炒	驴
并	并	肉

有的顾客怀着好奇心要尝尝“大炒驴”和“并并肉”，结果发现，原来饭店卖的是“大饼”“炒饼”和“驴肉”（“并”是群众自造的简化字）。两种

① 这里提口头和书面的对立，不提口语和书面语的对立，因为口语可以有书面形式，书面语可以有口头形式。参看本书第二章。

② 《“大炒驴”和“并并肉”》，载《北京日报》1986 年 6 月 6 日第三版。

理解,但排列的图形同是一个。这是汉字既可以横排又可以竖排所造成的特殊效果。

既然两者具体条件不一样,那么,口头同形的,书面未必同形。例如(5)(6),又如:

(8)他上 diào 了

写出来一个是"他上调了",一个是"他上吊了",意义不同,形式也不同。这只是口头歧义,而不是书面歧义。反过来,书面同形的,口头未必同形。例如:

(9)干!

写出来一样,说出来一个是"干工作"的"干"——gàn,一个是"干杯"的"干"——gān,意义不同,形式也不同。又如:

(10)想起来了

(11)快说妈妈

(10)可以有两个意思,一是想起什么来了,一是想起床了,书面形式毫无区别,但说出来,前者"起"和"来"都念轻声,后者"来"念轻声,"起"重读,两者不同形。(11),同是这样排列的几个字,如果在"快说"后有停顿,"妈妈"用呼唤的语气,是一个意思(妈妈你快说吧);如果用陈述的语气无停顿地说出,又是一个意思(妈妈不对,快说说她)。这些都只是书面歧义,而不是口头歧义。(11)如果加上不同的标点符号,那么书面歧义也不是。

我们说某个话语或话语片段有歧义,那么在口头同形或书面同形上至少得占一头。如果两头都不占,那就无所谓歧义了。例如:

(12)他不管。

(13)他不管?

两者在口头上有语调的不同,在书面上有标点符号的不同,一种形式表达一个意义,无同形可言,从而无歧义可言。

自然,无论口头还是书面都同形的歧义现象还是大量存在的。

关于“不同意义”

现在再说怎样理解歧义所表达的不同意义。

这不同意义不指在不同语境中具体指称的不同。例如:

(1)星期三再见

(2)我有一本新杂志

(1)中“星期三”指1989年4月26日,还是1988年7月13日,还是……都有可能,但“星期三”就是“星期三”,它指一个星期的第三天,只此一个意义,(1)并没有歧义。(2)中的“我”指谁,“新杂志”指什么样的杂志,都有种种可能,但“我”指说话人,只此一义,“新杂志”指“新出的期刊”,只此一义,(2)并无歧义。

但对于上文回指上存在的分歧,是歧义。例如:

(3)John Smith thinks that he has failed the examination(约翰·

史密斯以为他没通过考试)

he(他)是回指 John Smith 本人,还是别的什么人,意义不同。下例也有歧义:

(4)讲桌在黑板右边

如果从听课学生的角度出发,那么讲桌和黑板的排列如第一图;如果从参照点黑板出发,那么,两者的排列如第二图:两个角度产生两种相反的理解。

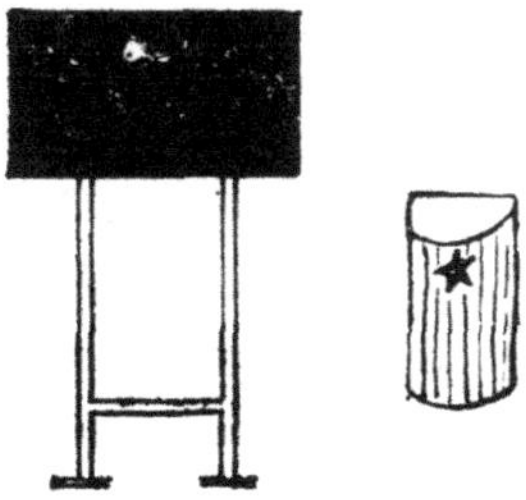

第一图

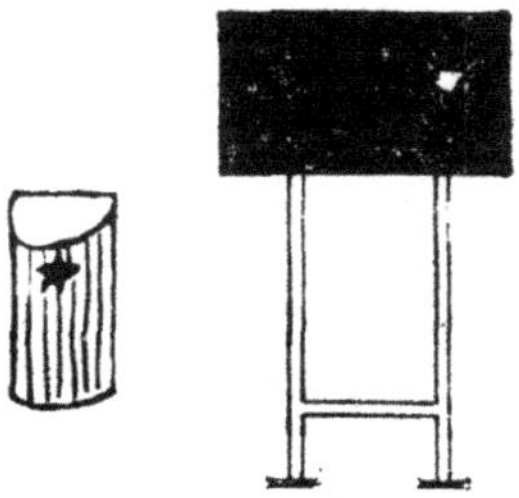

第二图

“不同意义”也不指在不同语境中所表达的各种超越字面意义的意义。例如同是:

(5)衣服!

可以是向人要衣服;也可以表示给人衣服;也可以是提醒人小心不要弄脏了衣服或者压坏了衣服;也可以因为下雨而请人快收起晾在外面的衣服……但就字面意义说,“衣服”就是“衣服”,没有歧义。超越字面意义的意义,是另一层次上的意义,最好不要与字面意义上的表现混在一起说。

如果把具体指称上的分歧、超越字面意义的意义的不同，都看成歧义，那么任何话语或话语片段都会有歧义，而且会有无限多的、不可预测的歧义。事实上，任何话语或话语片段的歧义都是有限的，完全可以预测的。如果一定要把所有这些都看成歧义，那么仍须分别不同性质不同层次的歧义，不如不扩大歧义的范围为好。“歧义”这个术语是 ambiguity 的汉译。上面我们说的对歧义的理解，与世界上一般学者对 ambiguity 的解释是一致的。

为什么前面我们说，歧义是同一形式“可能”表达不同意义的现象？一般情况下，在一定的环境和上下文中，特定话语或话语片段都只表达单一的意义。例如，要么是“包饭吃”的“包饭”，要么是“吃包饭”的“包饭”；要么是“他上调了”的“上调”，要么是“他上吊了”的“上吊”；要么是“干工作”的“干”，要么是“干杯”的“干”。然而，我们仍然说“包饭”“他上 diào 了”“干！”有歧义。因为它虽然在某一语境中表达某一个意义，但在另一语境中与它同一形式的话语或话语片段却可能表达另一个意义。并非一切形式的话语或话语片段都有这种能力，例如“买饭”就只能有表现在“买饭吃”中那样的意义，“他哭了”“听！”在任何语境中都是一个意义。有没有这种能力是大不相同的。把有这种能力的现象归结起来称之为“歧义”予以特别的注意，不是没有价值的。

我国学者中有一种意见，认为应当把同一形式可能表达不同意义的现象叫做“多义”，而把运用中实现的对同一形式的不同理解叫做“歧义”。这不妥。第一，在语言学中“多义”总是就同一个单位说的，如“多义词”必定是同一个词；前面已经指出过，有歧义现象的形式一般都不是同一个单位。第二，他们完全从交际效果来确定歧义，这交际效果的根源仍在形式本身有表达不同意义的能力；对有这种能力的形式在交际中是否会实现不同的理解，有很多临时的因素起作用，这种情形可以另作研究。

歧义与交际效果

歧义在语言中大量存在。由于语境(包括情景语境和上下文语境)的配合,歧义现象通常并不导致误解而妨碍交际。就自然语言自身来说,歧义基本上不是需要克服的对象。少量形式可用以表达多种内容,符合经济原则。正如一根电话线可以同时有若干对电话通话符合经济原则一样。

人们有时还故意运用歧义手段取得特殊的交际效果。如笑话、相声,算命、双关,经常运用歧义手段。例如笑话:

(1)生物老师讲完了达尔文的进化论,离下课还有一点时间,于是向学生提出一个问题:"最接近人类的动物是什么?"一个刚睡醒的学生抢着大声回答:"虱子!"

(2)"今早我和我妻子打乒乓球了。"甲说。

"和你妻子? Which won?"

甲没回答。"Which won?"乙又问。

"Which one?"甲咆哮起来,"你以为我有几个妻子? 你把我当作公鸡了吗?"

(1)中"接近"一词,老师指在物种起源上相近,那位学生的理解是在生活上经常接触。(2)是个西方笑话。其中 Which won? (哪个赢了?)和 Which one? (哪一个?)同音。姜昆在相声中讲到一位算命先生算来访者的父母是否健在时,用同样的话:

(3)父母双双不能丧克一个

这话可以作以下种种理解，因而对什么样的算命对象都适用：

a 父母双双一个也不能丧克——父母都在

b 父母双双不能，丧克一个——父母一存一亡

c 父母双双不能只丧克一个——父母都不在了

当然，这仅仅是书面歧义；口头上不同形：a 在“丧克”上有重音；c 在“一个”上有重音；b 在“不能”后有显著的停顿。现代京剧《沙家浜》中地下联络员阿庆嫂“审问”沙奶奶时说：

(4) 你说呀。一说出来不就什么都完了吗？

一语双关，让敌人听起来是“……一说出来就什么事儿也没有了”，让自己人听起来是“……一说出来就什么都完蛋了”，这里也用了歧义手段。

歧义现象也不是随时随地都是无害的。利用歧义手段有意坑人的姑且不论。日常交际中，当语境显示不充分时，歧义可能妨碍交际的正常进行。如口头上说“可以 zhì 癌”，如果不稍加解释，就可能让人误解，或叫人无法理解。正如 50 年代说“得了 yán 症”，不知是“得了炎症”还是“得了癌症”一样；因为误会大了，后来把“癌”正音为 ái，“得了 yán 症”才成了非歧义组合。又如名为“小学生字典”的书，乍看，也许认为是为小学生用的字典，也许认为是小型的学生字典；名为“新文学概论”的书，如果不看内容，读者未必能够肯定它是关于新文学的概论还是新编的文学概论。这类书如是前一种意思，封面的书名最好分两行排列：

小学生	新文学
字典	概论

如是后一种意义，书名不妨改为“学生小字典”“新编文学概论”之类。

有时候，可能只好误解一时，待条件具备时再得到纠正。例如影片《咱们的牛百岁》初登广告时，不止一个人认为，这是表现养牛专家的故事的（“咱们的牛/百岁”），因为既没看到介绍，很难想到“牛百岁”是个人名（“咱们的/牛百岁”）。

对新闻标题应该要求高一点。新闻标题应让读者一目了然，不生误解。可是有些新闻标题还做不到。例如：

（5）西欧“阿丽阿娜”火箭第十八次发射失败①

是说发射十八次全都失败了，还是仅指第十八次这一次发射失败了，都有可能。按新闻内容是后者。又如：

（6）我国少数民族使用和尚保存的乐器有四百余种②

有人乍看以为是和尚保存的乐器，少数民族加以使用，实际上报纸说的是少数民族“保存至今并使用”的乐器。再比较报导同一条全运会新闻的两家报纸不同的标题（副标题略）：

（7）北京李荣荣获女子冠军③

（8）北京选手
李荣荣　获女子个人定点冠军④

---

① 例见《北京日报》1986.6.2，第四版。
② 例见《光明日报》1986.1.6，第二版。
③ 例见《北京晚报》1987.10.24，第四版。
④ 例见《北京日报》1987.10.25，第一版。

前者不能明确告诉读者获得冠军的是“李荣”还是“李荣荣”，显然不如后者。

有时候，歧义会造成不好的政治影响。例如，有文章说：

(9)随着他们反党夺权活动的加剧，这种政治逻辑的推理范围像数学概念上的“无限大”一样，每日每时都在随着不同的政治行情任意膨胀。于是，反对林彪的亲兵家将、反对江青的食客门徒，都统统属于罪大恶极的“现行反革命”之列。

什么人被打成“现行反革命”？从话语本身看，很容易理解为是那些“亲兵家将”“食客门徒”，他们反对林彪、江青，又于理不通；原来，要理解为是反对那些“亲兵家将”“食客门徒”的人。如果在第一个“反对”之前加上“谁”或“谁要是”，那就明确了。

也不要把某些并非由于歧义而出现的交际上的失误或困难也归咎于歧义，否则就夸大了歧义的消极作用。例如：

(10)他上课去了

有人指出这有歧义：既可以是“他去讲课去了”，也可以是“他去听课去了”。① 其实这是笼统，不是歧义。“上课”就是“教师讲课或学生听课”，“上课”概括了“讲课”和“听课”。笼统一些也不一定是需要克服的缺点。是要笼统一些还是具体一些，得看交际的需要，又如下面的话：

(11)并不是少数人不同意

---

① 文炼、允贻《歧义问题》，黑龙江人民出版社，1985，60页。

有人指出这有歧义:既可以理解为“多数人不同意”,也可以理解为“所有的人都不同意”。① 其实这句话只是对“少数人不同意”这一论断的笼统的否定,究竟多少人同意多少人不同意没有正面说明,可能出现的情况很多,岂止上面提到的两种,比如,还可以是“半数人不同意”,“几乎所有的人都不同意”,甚至可以是“没有人不同意”等等。

下面是两个被认为歧义引起混乱的例子:

(12)不久前,一位西非国家的旅游部长说:“如果他们有个杭州,全国可以不搞农业。”

(13)我们一定要认真学习好基础理论,否则你以后就赶不上去。

分析者说,(12)中的谈话是直接引用,“他们”应换为“我们”;(13)中突然由第一人称换到了第二人称,造成人称混乱。② 其实这两例都没有歧义,只是用词不当罢了。又如:

(14)……打得最凶的一次是76年秋天,一次看电影,我们又跟我们的对头打了一架,有一个跑得慢的,被七手八脚拳打脚踢一顿,打断两根肋骨,送进医院。

有人指出:“‘有一个跑得慢的’有歧义,可以理解为‘我们的人’,也可以理解为‘对方的人’。作者的意思是后者。那么,应在‘被’后边添上‘我们’”。③ 其实,这是语意表达不全,不能看作有歧义。

① 涂纪亮《英美语言哲学概论》,人民出版社,1988,44页。
② 文炼、允贻《歧义问题》,黑龙江人民出版社,1985,52页。
③ 裘荣棠《“歧义”浅析》,载《淮北煤师院学报》1982年第1期。

歧义的分类

歧义现象可从不同角度进行不同的分类。例如上面说到的口头歧义和书面歧义。赵元任还划分了“词汇歧义和话语歧义”“有意歧义和无意歧义”“可预期歧义和不可预期歧义”“语言内歧义和语言间歧义”等。① 现在我们按歧义所由产生的语言结构内部的根源来给歧义现象分类。

首先,分为词汇歧义和组合歧义两大类。

词汇歧义是因语素或词的多义,或同音异义,或同字异义而生的歧义。例如前面举过的阿庆嫂的话,就是因“完了”一词的多义(“完结”“完蛋”)而引起的歧义。又如:

(1)这顿饭没菜

可以是说光有饭没有下饭的菜,也可以是说只有鸡鸭鱼肉而没有蔬菜,根源在于“菜”这个词或语素的多义。前面举过的“他上 diào 了”,还有“Which won?”“Which one?”,都是同音异义而产生的歧义;“干!”是同字异义而产生的歧义。

组合歧义是因组合而生的歧义。它进一步分为语法歧义和语义结构歧义两种。每一种又可分为更小的类别。

语法歧义至少有以下的几个小类。

第一,因句法关系不同而生的歧义。例如:

---

① 赵元任《汉语的歧义问题》,译文载《语言学论丛》第十五辑,商务印书馆,1988。

(2)出土文物(述宾:他干出土文物的工作三年了/偏正:展出出土文物一百多件)

(3)想起来(述宾:他睡醒了,想起来/述补:想了一会儿终于想起来了)

(4)病人家属(偏正:病人家属不能进去,病人可以/联合:病人家属两者都不让进)

(5)我们中国人(同位:谁也不敢欺负我们中国人了/主谓:他们日本人,我们中国人)

(6)高一米五(主谓:这戏台高一米五/述宾:这戏台比它高一米五)

第二,因句法层次不同而生的歧义。例如前面举过的 old men and women 和 the king of England's people。汉语例:

(7)台湾|语言研究(台湾地区所进行的语言研究,不限于研究台湾语言)/台湾语言|研究(对台湾语言如台湾闽南话、各种高山语的研究,研究者不限于台湾地区)

(8)靠近|公园的小湖(靠近公园的小湖有一个草坪)/靠近公园的|小湖(靠近公园的小湖已经结冰了)

(9)话|没有说完的时候(下次再说吧,反正话没有说完的时候)/话没有说完的|时候(话没有说完的时候,就下起雨来了)

(10)[他怕]被‖监视的人|发觉/[他怕]被监视的‖人|发觉

(11)他在他的住处被枪弹击中以后,[今天只好呆在他的掩蔽所里。]

(11)的层次可有两种划法。一种是说枪弹击中的是“他”,图解如下:

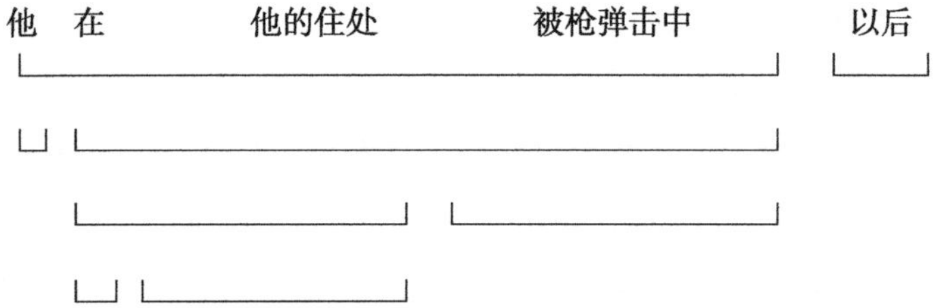

另一种是说枪弹击中的是“他的住处”，图解如下：

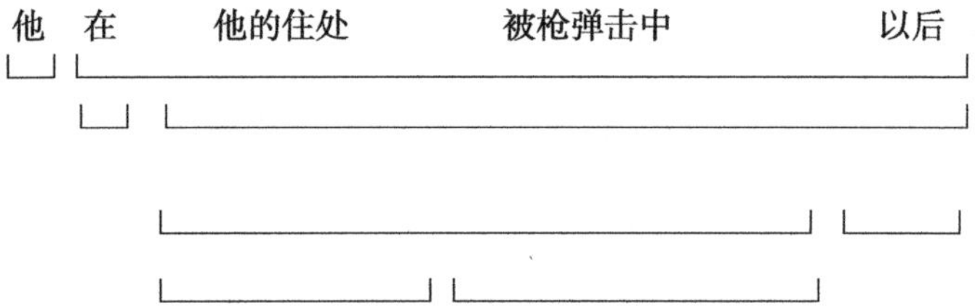

第三，语法成分多功能而生的歧义。例如：

（12）写 de 好/（能写好，“写不好”的肯定式）/写 de 好（写得真不错，“写得不好”的肯定式）/写 de 好（印的不如写的）

（13）给他拿去了（替他拿去）/给他拿去了（被他拿去了）

（14）（他）走了（已走）/（我）走了（就要走）

（15）my brother's books（我某个弟兄的书）/my brothers' books（我的弟兄们的书）（只是口头歧义，书面无歧义）

（16）посещение учителя（учителя 是宾格：对教师的拜访）/посещение учителя（учителя 是属格：教师的来访）

一个有歧义的组合可以同时兼属几个歧义类。如上例（9）既是层次不同，又是句法关系不同：一是主谓，一是偏正。上例（3），既是句法关系不同，又是用词的不同（两个“起来”），一词（“想”）多义也起了作用。又例如：

(17) 没有得奖的演员

有歧义，一是说某个或某些演员没有得奖，一是说没有演员得奖。前者的句法层次是“没有得奖的｜演员”，后者的句法层次是“没有｜得奖的演员”。前者的句法关系是偏正，后者的句法关系是述宾。前者的“没有”是“未曾”，后者的“没有”是“不具有”，同音异义。

语义结构歧义，又可分为几种情况：

第一，因语义关系不同而生的歧义。例如：

(18) 考研究生（考生报考研究生/教授主持研究生考试）

(19) 寄草苗的地方（草苗寄出的地方/草苗寄往的地方）

(20) 这张相片是他前年照的（他是照的对象/他是操作相机的）

(21) 买贵了（这件衣服买得便宜吧？——不，买贵了！/桃子刚刚上市，买的人很多，给买贵了）

(22) 吃筷子（用筷子吃/把筷子吃了①）

第二，因强调点不同而生的歧义。例如：

(23) 两个人就一辆车（强调“两个人”：车多/强调“一辆车”：车少）

(24) 别喝了（强调“别”：吃饱就得了；喝得够多了/强调“喝”：留着还有用处）

---

① 后者可出自表演魔术的场合。

(25)不得非法制造赌具(强调"制造赌具":一切制造赌具的行为都不容许/强调"非法":不禁止"依法"制造赌具)

(26)词的词干中只包含一个词根的词,叫单纯词

这是一部语言学教科书对"单纯词"下的定义。按教科书的意思,强调的是"只",是说如果词干中除了一个词根语素之外没有其他语素,这样的词就是单纯词,"如汉语'人''手''玻璃''蜘蛛',俄语'сын'(儿子)'вода'(水)'рука'(手),英语'book'(书)'red'(红)'cut'(切)等等"。然而如果强调的是"一个",就是另一种解释了,是说词干中不论是否还有其他性质的语素,只要词根语素只有一个,这样的词就是单纯词,不仅上面列举的那些词符合要求,诸如下面的词也包括在内:汉语"记者""第三者",俄语"водка"(白酒)"водный"(水的),英语"redden"(变红)"reddish"(微红的)。①

第三,分合联系不同而生的歧义。例如:

(27)日本各友好团体和五个经济团体分别举行酒会,热烈欢迎邓副委员长率中国人大代表团访日

一共几次酒会?有好几种可能。又如:

(28)Those books cost £ 5.(可以是那些书一共值五英镑,也可以是那些书每一本值五英镑)②

---

① 下加横线的是词根语素,下加浪线的是词缀。

② J. Lyons, *Semantics 1*, Cambridge Univ. Pr., 1981, p. 187.

第四，因指代的分歧而生的歧义。例如，前面举过的回指不同的例子，以及“讲台在黑板右边”一例。当然，不包括一般具体指代对象的区别在内。

可能还有我们没有概括出的其他类型。

歧义程度和歧义难度

赵元任最早提出歧义程度（the degree of ambiguity）的概念。他说：“影响某一形式歧义程度的一个重要因素是各种解释的相对频率。”①如果这种解释和那种解释频率差不多，歧义程度就大；如果一种解释的频率大大超过另一种解释的频率，歧义程度就小。

由于统计上的困难，还没有一个精确地确定歧义程度的办法。我们可以大体分别三类情况，按歧义程度由大到小，分述如下：

第一类，很难说哪一种解释占优势。例如“台湾语言研究”是“台湾|语言研究”还是“台湾语言|研究”；“他借我一支笔”是“他借给我一支笔”还是“他向我借一支笔”。又如“干！”“……zhì 癌”。

第二类，有一定的倾向性。例如“出租汽车”，一般倾向于解释为偏正结构的组合——taxi，其次才是解释为述宾结构的组合。又如：

“我们中国人”　同位>述宾

“没有得奖的演员”　没有得奖的|演员>没有|得奖的演员

“走了”　已走>就要走

“母亲的回忆”　母亲回忆什么>关于母亲的回忆

---

①　赵元任《汉语的歧义问题》，载《语言学论丛》第十五辑，商务印书馆，1988。

第三类,只有在极个别情况下才有另一种解释,一般人因而不觉察它有歧义。例如:

"吃筷子" 用筷子吃。特殊情况(如在变魔术时)下才是:把筷子吃了。

"指头粗的油条" 指头般粗的油条。特殊情况下,例如开黑店的卖的油条中裹了较粗的指头①

美国麻省理工学院麦凯(D. G. MacKAY)从心理学角度研究歧义句。他总结别人的研究并以他的实验证明,不同类型的歧义在理解上有难易程度的区别。这种说法有一定参考价值。他给歧义分的三个类型是:词汇歧义、派生—结构歧义、潜在结构歧义,以下三例分别代表这三个类型:②

(1) The rest of the army was insufficient(部队的休息不充分/剩余的部队不够了)

(2) They sent the requisition over a week ago(sent... over 连在一起:一周前他们就把申请送过去了/over a week ago 连在一起:一周多以前他们就送了申请)

(3) The growing of the flowers was marvelous(这花长得好极了/这花种得好极了)

第一类相当于我们说的词汇歧义,第二类基本上相当于我们说的组合

① 此例见梅祖麟《文法与诗中的模棱》,载《历史语言研究所集刊》第 39 本上册,87 页;作者指出后一解释是"想入非非"。

② 从这里到本节结束,理论据 D. G. MacKay, To End Ambiguous Sentences, In *Perception & Psychophysics*, 1966, Vol. 1, pp. 426, 429—430,汉语例是笔者加的。

歧义中的语法歧义，第三类基本上相当于我们说的语义结构歧义。实验证明：在理解上有歧义的难于无歧义的。有歧义的，难易顺序是：第三类——第二类——第一类。对多种歧义因素集于一身的组合的理解难于对只有单一歧义的组合的理解。同是多种歧义因素集于一身的组合中，不同歧义类型兼备的组合难于只有单一歧义类型的组合。“没有得奖的演员”既有第二类歧义（“没有|得奖的演员”“没有得奖的|演员”）又有第一类歧义（动词的“没有”是“有”的反面；副词“没有”，是“曾经”的反面），就是不同歧义类型兼备的组合。其中，第一、二类型兼备的稍易，第一、三类型兼备的稍难，第二、三类型兼备的最难。这三种情况，下面三个汉语例子可以代表：

（1）没有得奖的演员

（2）要买 sān jiǎo 书（《三角》书：“三角”是书名，与“书”是类属关系；三角书：“三角”是货币数，与“书”是价格与物的关系）

（3）研究郑振铎的书（研究|郑振铎的书；研究郑振铎的|书。而“郑振铎的书”可以是郑振铎的著作，“郑振铎”与“书”是作者与作品的关系；又可以是郑振铎的藏书，“郑振铎”与“书”是领属关系）

歧义格式

“歧义格式”是我们根据朱德熙 1979 年文章的思想提出的术语。朱德熙认为，句子的歧义“是代表这些句子的抽象的‘句式’所固有的。”①他说的限于组合歧义（即不包括词汇歧义）；不止是句子，也包括短语。例如：

---

① 朱德熙《汉语句法中的歧义现象》，载《现代汉语语法研究》，商务印书馆，1980，171 页。

(1)反对的是少数人

可以理解为“提反对意见的是少数人”,也可以理解为“所反对的是少数人”,即“其中的‘反对的’可以指‘反对者’(施事),也可以指‘被反对者’(受事)”。① 它体现了这样的歧义格式:

动^2+‘的’+‘是’+名

“动^2”代表双向动词。下面这些句子都是符合这一格式而与“反对的是少数人”有同样歧义的:

	A(“动^2 的”是施事)	B(“动^2 的”是受事)
(2)	看的是病人	看的是病人
(3)	关心的是她母亲	关心的是她母亲
(4)	扮演的是一个有名的演员	扮演的是一个有名的演员
(5)	援助的是中国	援助的是中国
(6)	相信的是傻瓜	相信的是傻瓜

朱德熙还指出,歧义格式不仅仅体现在具有这一格式的、可以作不同理解的某一组合(如(1)—(6))上,也体现在具有这一格式但只有一种理解的两个或若干组合上。例如:

	A	B
(7)	发明的是一个青年工人	——
(8)	——	关心的是分数
(9)	——	反对的是战争

① 朱德熙《汉语句法中的歧义现象》,载《现代汉语语法研究》,商务印书馆,1980,170页。

(7)只有 A 义而无 B 义,(8)(9)只有 B 义而无 A 义,然而(7)与(8)(9)合在一起仍然反映了上述格式,具有歧义。

这种见解是很有价值的。它告诉人们任何一个有组合歧义的形式,都不是孤单单的一个,它往往代表具有某种格式的许许多多形式。抓住歧义格式是研究歧义的必要途径。我们再举点例子:

(10)台湾语言研究

三个成分(一般是三个词),而且是三个名词性成分(第一个也可是形容词性成分),格式如下:

名$_1$(形)+名$_2$+名$_3$

可以理解为名$_1$(形)$\mid$名$_2$+名$_3$,也可以理解为名$_1$(形)+名$_2$$\mid$名$_3$。这种格式代表了许多组合:

	A(名$_1$(形)$\mid$名$_2$+名$_3$)	B(名$_1$(形)+名$_2$$\mid$名$_3$)
(11)	儿童文学作品	儿童文学作品
(12)	中国历史研究	中国历史研究
(13)	北京大学毕业生	北京大学毕业生
(14)	小学生字典	小学生字典
(15)	新文学概论	新文学概论
(16)	英雄水乡儿女	英雄水乡儿女
(17)	新英汉词典	——
(18)	——	地名语源词典

又例如:

(19)出租汽车

格式是（“动$_t$”代表及物动词）：

动$_t$+名

可以是述宾结构，又可以是偏正结构。这种格式代表了许多组合：

	A（述宾）	B（偏正）
（20）	学习文件	学习文件
（21）	出土文物	出土文物
（22）	零售商品	零售商品
（23）	包饭	包饭
（24）	雇佣工人	雇佣工人
（25）	收集文物	——
（26）	购买汽车	——
（27）	——	学习时间
（28）	——	出租费用

又例如：

（29）咬死了猎人的狗

格式是：

动$_t$+“了”+名$_1$+“的”+名$_2$（动$_t$ 也可以是短语）

可以理解为动$_t$ | 名$_1$+的+名$_2$，述宾，——A；又可以理解为动$_t$+名$_1$+的 | 名$_2$，偏正，——B。这种格式代表了很多组合：

	A	B
（30）	找孩子的妈妈	找孩子的妈妈

(31)	研究鲁迅的文章	研究鲁迅的文章
(32)	靠近公园的小湖	靠近公园的小湖
(33)	看电影的导演	看电影的导演
(34)	纠正错误的指示	纠正错误的指示
(35)	咬死了公园的狗	——
(36)	读鲁迅的文章	——
(37)	——	找衣服的妈妈
(38)	——	写鲁迅的文章

这种见解也有不足之处。这种见解必然导致这样的结论:任何合语法的词类序列都是歧义格式。因为,某一词类序列与两种乃至多种语法关系相对应,在汉语中相当普遍。例如“动词+名词”的内部语法关系可以是述宾也可以是偏正(如“零售商品”),“$名_1$+$名_2$”可以有联合(如“北京上海”)、同位(如“首都北京”)、偏正(如“北京西郊”)等语法关系。而某种语法关系与多种语义关系相对应,在世界语言中都是普遍现象。这样来讲歧义格式,未免太宽泛了。再者,尽管歧义组合与非歧义组合都可以解释为歧义格式的体现,然而人们仍然有理由提出要求:找出只体现为歧义组合而最大限度地排除非歧义组合的歧义格式,比如要反映出(1)—(6)与(7)—(9)的区别,(10)—(16)与(17)(18)的区别,(19)—(24)与(25)—(28)的区别,(29)—(34)与(35)—(38)的区别。这样,就需要对现有的表示歧义的格式加上若干限制。上面举到的“$动^2$+‘的’+‘是’+名”中的“$动^2$”,“$动_t$+‘了’+$名_1$+‘的’+$名_2$”中的“$动_t$”,不一般地说动词,而分别说是“双向动词”和“及物动词”,这已是一种限制,但这样的限制还很不够,还不能达到区别歧义组合和非歧义组合的目的。近年,我国一些学者在这方面做了一些有一定成效的努力。但有些时候有同语反复的毛病。例如,对“$名_1$

(形)+$名_2$+$名_3$"这种格式,有人加上限制条件:一是第一个成分能修饰"$名_2$+$名_3$"组成的偏正结构,二是第一个成分既能修饰"$名_2$"又能修饰"$名_3$",三是"$名_2$"能领有"$名_3$"。① 这三条正是这一歧义的表现所在(一、三是A义的表现,二是B义的表现),用自身存在的状况来说明存在的条件,就是同语反复。

① 吴竞存、侯学超《现代汉语句法分析》,北京大学出版社,1982,89—90页。

第十章　蕴含和预设

广义蕴含和狭义蕴含

蕴含(entailment)有广义和狭义的区别。就话语本身表达的意义说,如果有甲就必然有乙,就说甲蕴含乙,或说甲以乙为蕴含。用公式表达是:甲→乙。这是广义的蕴含。例如:

(1)我看了一场京剧→我看了一场戏

(2)他到过天安门→他到过北京

(3)牛比猪大→猪比牛小

(4)昨晚的木偶戏演得真好→昨晚演了木偶戏

因为限于话语本身表达的意义,这就排除了以下情况:

(5)今天是五月三日→明天是北大校庆

(6)冬天来了→张老先生的哮喘病又犯了

(5)须具备“五月四日是北大校庆”的知识。(6)须预先知道张老先生冬天总犯哮喘病的病史。(5)(6)都不是语言学中的蕴含关系。

(1)—(4)中,(4)的情况特殊,它是我们将要着重讨论的预设关系。预设是一种特殊的蕴含(怎么个特殊,留待后面再说)。

(3)与(1)(2)也不同:(1)(2)把箭头掉个方向就不成立了,(3)不然,逆蕴含也成立:

(7)猪比牛小→牛比猪大

甲乙互相蕴含,这是同义关系。又如:

(8)索绪尔是梅耶的老师⇄梅耶是索绪尔的学生

(9)中国在日本西边⇄日本在中国东边

(10)他父亲去世了⇄他爸爸死了

(11)他没有兄弟姐妹⇄他是独生子女

当然,这是就理性意义说的。同义句间可能有风格色彩、感情色彩等的差异。

句义间还有相斥关系。例如(以×表相斥关系):

(12)小野是中国人×小野是日本人

(13)小张讨厌劳动×小张爱劳动

(14)这张相片是彩色的×这张相片是黑白的

相斥句的特点是互相以对方的否定命题为蕴含即以(12)(13)(14)来说:

(12′)小野是中国人→小野不是日本人

小野是日本人→小野不是中国人

(13′)小张讨厌劳动→小张不爱劳动

小张爱劳动→小张不讨厌劳动

(14′)这张相片是彩色的→这张相片不是黑白的

这张相片是黑白的→这张相片不是彩色的

看来,各种句义关系都可以从蕴含得到解释。蕴含是一种基本的句义关系。

狭义的蕴含不包括预设(如(4)),一般也不指同义关系(如(3)),专指(1)(2)那样的。人们通常把蕴含与预设并提,这时的蕴含只是狭义的蕴含。

从(1)(2)例可以看出,蕴含关系实际是上下位关系或整体局部的关系。(1)的甲为下位,乙为上位,下位蕴含了上位;(2)的甲为局部,乙为整体,局部蕴含了整体。类似(1)的又如:

(15)贵客到了→客人到了

(16)小王给汽车压折了腿→小王出了车祸

类似(2)的又如:

(17)他打了小张的头→他打了小张

(18)白菜心开始烂了→白菜开始烂了

但不要因此认为,蕴含总是下位蕴含上位或局部蕴含整体。还有相反的情形。有的是上位蕴含下位,例如:

(19)什么戏他都爱看→京剧他爱看

(20)人都会死→他会死

有的是整体蕴含局部,例如:

(21)他全身湿透了→他头发湿透了

(22)他吃完了一只鸡→他吃了鸡腿

究竟是下位蕴含上位还是上位蕴含下位,是局部蕴含整体还是整体蕴含局部,有规律可循。在两相对比的部分,如果上位词语是全称性的,那么上位蕴含下位,否则下位蕴含上位。如(19)说的是一切"戏",(20)说的是一切"人";而(15)只是说某单位或某几位"客人",(16)只是说某次"车祸"。在两相对比的部分,如果表整体的词语强调其周遍性,那么整体蕴含局部,否则局部蕴含整体。如(21)说的是"全身",无一处例外,(22)说的是整只"鸡";而(17)只指"小张"身上的某个或某些部位,(18)只能是从"白菜"的某个部分烂起。

归结起来,可对狭义的蕴含做如下的规定:就话语本身表达的意义来说,有甲就必然有乙,而且两者是上下位关系或整体局部的关系,就意味着甲蕴含乙。

还得做点补充说明。在话语本身表达的意义的基础上,需要有关于词语间上下位关系或整体局部关系的知识的帮助。例如(1)之得以成立,有赖于我们关于京剧是一种戏的知识,(2)之得以成立,有赖于我们关于天安门是北京的一个部分的知识。其次,还须有甲乙两端相同词语指称的同一性,如(1)中前后两个"我"须指同一个人,(16)中前后"小王"不能是两个姓王的。这样看来,蕴含与语境不能说毫无关联,不过关联仅此而已。

一个句子的蕴含往往不止一个,一个稍微复杂一些的句子的蕴含可以有很多。原因有二。一是上下位或整体局部关系是相对的,比如说,上位还有上位,下位还有下位。这样,蕴含可以形成一个序列。例如:

(23)他是日本孩子→他是日本人→他是人

(24)这个小学生吃了一个大苹果→这个小学生吃了一个苹果→这个小学生吃了一个水果→这个小学生吃了一种食物

二是同一个句子从不同角度可以有不同的蕴含。例如比较(23)(24)与以下的例子:

(25)他是日本孩子→他是孩子……

(26)这个小学生吃了一个大苹果→这个学生吃了一个大苹果……

(27)这个小学生吃了一个大苹果→这个小学生享用了一个大苹果……

预设与蕴含的区别

预设(presupposition)概念最早由近代逻辑的奠基人之一、德国哲学家弗雷格(G. Frege)于1892年提出,但直到1950年才开始引起人们注意。当时,英国学者斯特劳森(P. F. Strawson)在对罗素1945年关于一个哲学例句的分析所作的批评中运用了预设概念,尽管他的批评遭到不少哲学家的非议,可是预设概念却在哲学和语言学中开始受到重视。他本人后来也一直在研究预设问题。1969—1976年间,预设研究出现一个高潮,与生成语义学的发展有关。目前,预设已成为语义学和语用学的一个基本范畴,只是对它的认识还很不一致。

要认识预设,要把它与蕴含(狭义的)进行比较,看到两者的共同点和区别。

预设和蕴含都是话语自身表达的意义,都是有甲就有乙,即:甲→乙。这是共同点。有的学者用形式逻辑常用的"前提"(premise 或 premiss)这一术语来翻译 presupposition,取代"预设"。这种做法的不妥之处在于"前提"并不是话语自身表达的意义,或者是不能由话语义推知的。例如通常说的"三段论":

(1)〔大前提〕 儿童可以买半票
〔小前提〕 他是儿童
〔结论〕 他可以买半票

从"他可以买半票"不能推知"儿童可以买半票",因为也可以是"内部职工""残疾人""军人"或"工会会员"买半票;也不能推知"他是儿童";所以这两个前提都不能构成预设。"前提"和"预设"不能混淆。

尽管两者都是话语自身表达的意义,然而蕴含包含在话语的断言范围之内,预设是话语非断言部分表达的背景意义。这是两者的本质区别。比较:

(2)昨晚的木偶戏演得非常好→昨晚的木偶戏演得好
(3)昨晚的木偶戏演得非常好→昨晚演了木偶戏

(2)(3)的甲端断言的是某次活动怎么样,(2)的乙端在甲端的断言范围之内,所以(2)是蕴含关系;(3)的乙端虽也是甲端表达的内容,但不在甲端断言范围之内,只是附带表达出的背景意义,所以(3)是预设关系。又如：

(4)曹雪芹在《红楼梦》第九十九回中写道，贾政到外省做地方官……

(5)列弗玛茨基在他的《语言学概论》里说："(但是)作为基本的语法范畴的词类问题要复杂得多。"可见，他明白地指出词类是基本的语法范畴问题。

(4)例是断言某人在某书中写了什么，然而却附带透露了文作者认为《红楼梦》第九十九回也是曹雪芹所著的观点，这是预设。(5)例中引用的列弗玛茨基的话断言的是某个问题怎么样，引用者从其非断言部分看出列氏认为"词类是基本的语法范畴问题"，这是列氏的话的预设。

预设虽是话语非断言部分表达的背景意义，在交际中却不是无足轻重的，个别时候它的作用甚至比断言义更为突出。例如《红楼梦》第九十六回有一段描写：

(6)黛玉笑了一笑，又问："你姐姐为什么打你？你说错了什么话了？"那丫头道："为什么呢？就是为我们宝二爷娶姑娘的事情！"黛玉听了这句话，如同一个疾雷，心头乱跳……

黛玉从傻大姐答话的预设中得到一个异常重要的信息。又如文章题目：

(7)老年人为什么要特别讲究饮食营养

这标题以"老年人要特别讲究饮食营养"为预设，在作者看来这是不容怀疑的公理。另一方面，如果以无根据的假定作为预设进行言语交际，那便是强加于人，或无理取闹。例如听信传言误以为朋友在背地说自己坏话的时候质问："你为什么背地骂我？"又如，无端怀疑别人拿走了自己的书的时候说："快把我那本书还我！"都错在预设上。

关于"否定检验法"

通常人们用"否定检验法"来鉴别蕴含和预设。看"甲→乙"中否定某一端时另一端有什么样的反应。

否定乙时，两种反应：$\overline{\text{乙}}\rightarrow\overline{\text{甲}}$；$\overline{\text{乙}}\xrightarrow{?}\text{甲}/\overline{\text{甲}}$。①

否定甲时，两种反应：$\overline{\text{甲}}\rightarrow\text{乙}/\overline{\text{乙}}$；$\overline{\text{甲}}\rightarrow\text{乙}$。有前一种反应的，是甲蕴含乙；有后一种反应的，是甲预设乙。先看否定乙时的例子：

(1) a 我看了京剧(甲)→我看了戏(乙)

b 我没看戏($\overline{\text{乙}}$)→我没看京剧($\overline{\text{甲}}$)

(2) a 他到过天安门(甲)→他到过北京(乙)

b 他没到过北京($\overline{\text{乙}}$)→他没到过天安门(甲)

(3) a 昨晚的木偶戏演得非常好(甲)→昨晚演了木偶戏(乙)

b 昨晚没演木偶戏($\overline{\text{乙}}$)$\xrightarrow{?}$昨晚的木偶戏演得非常好/不好(甲/$\overline{\text{甲}}$)

这表明(1)a、(2)a都是蕴含关系，(3)a是预设关系。再看否定甲时的例子：

---

① 斜线表示"或者"，箭头上的问号表示"无从说起"。

(1)c 我没看京剧($\overline{\text{甲}}$)→我看了戏/我没看戏(乙/$\overline{\text{乙}}$)

(2)c 他没到过天安门($\overline{\text{甲}}$)→他到过北京/他没到过北京(乙/$\overline{\text{乙}}$)

(3)c 昨晚的木偶戏演得非常不好($\overline{\text{甲}}$)→昨晚演了木偶戏(乙)

这也表明(1)a、(2)a 是蕴含关系,(3)a 是预设关系。

否定检验法确是一种简便易行的鉴别蕴含和预设的方法,特别是否定甲端看乙端的反应,为学者经常运用。它确实在相当大的范围内显示出它的功效。这里看一个比较复杂的句子:

(4)老吕头从车棚里推出自己那辆、就像侯宝林在《夜行记》那段相声里说的,除了铃不响哪儿都响的自行车,头上戴着一顶兴许是他小儿子吕志民从部队上复员的时候,带回来的军绿色布面、灰色兔毛的帽子……

这个还没引完的句子,并列着两个分句:一个是"老吕头从车棚里推出自己那辆……自行车",一个是"(老吕头)头上戴着……帽子",表达了两个断言。分别在"从车棚里"之前和"戴"之前加上否定词"没"(相应地"戴着"的"着"取消),这两个断言就受到否定。在这种情况下,仍可从这个句子里推知的命题都是它的预设。现列举如下:

(5)老吕头自己有辆自行车

(6)老吕头的自行车放在车棚里

(7)老吕头的自行车除了铃不响哪儿都响

(8)侯宝林说过相声《夜行记》

(9)《夜行记》是段相声

(10)相声《夜行记》里说到一辆除了铃不响哪儿都响的自行车

(11)老吕头有个小儿子

(12)老吕头小儿子叫吕志民

(13)吕志民已经从部队上复员

(14)吕志民复员时带回来一顶帽子

(15)吕志民带回来的帽子是军绿色布面、灰色兔毛的……

然而,不可夸大"否定检验法"的作用。有的学者从否定检验的角度给预设下定义,也就是说,把经得起否定检验看成是预设的本质特点了。例如利奇就是这样做的,尽管他声明那"不是完美的定义"。[1] 于是,面对这样的例句:

(16)a The earthquake caused the collapse of the bridge.(地震震垮了这座桥)

b The earthquake did not cause the collapse of the bridge.(地震没有震垮这座桥)

他认为尽管(16)a 意味着 The bridge collapsed(这座桥垮了),但在否定式即(16)b 中 The bridge collapsed 却不成立,就是说它经不起否定检验,所以 The bridge collapsed 只能是(16)a 的蕴含而不是预设。[2] 在我们看来,(16)a 断言的是地震对这座桥发生了某种影响,至于这座桥怎么样了,这与(16)a 的语义并不形成上下位关系或整体局部关系,它只是形成(16)a 的语义的必要背景条件,它是预设而不是蕴含。

① G. Leech, *Semantics*, 2nd., 1981, pp. 278—279, 287.

② 同上, pp. 290—291。

大量的言语事实足以证明我们的看法。下面举出一些。

首先,特指问句(带疑问词的问句)和选择问句都不便用否定检验法。有的无法否定,如"你是哪年进大学的?——*你不是哪年进大学的?";有的肯定式的预设和否定式的预设恰好相反,如"你为什么迟到了?→你迟到了"和"你为什么没迟到?→你没迟到"。这类句子的预设怎么寻找?顺着问话回答,一切可能的答案所共同具有的命题,就是这个问话的预设。例如:

(17)你是哪年进大学的?
——去年/前年/刚刚……

无论怎么回答都承认

(18)你进了(过)大学

(18)就是(17)问句的预设。又如:

(19)是你还是小张借走了我的《辞海》?
——是我/是小张/是别人……

无论怎么回答都承认

(20)有人借走了我的《辞海》

(20)就是(19)问句的预设。又如:

(21)宝玉为什么爱林妹妹?

无论怎么回答都承认

(22) 宝玉爱林妹妹

(22)就是(21)的预设。(17)(19)(21)的预设都无法用“否定检验法”发现。再者,正如我们对利奇的批评那样,对陈述句有时候否定检验法也不适用。又例如:

(23) a 我见过鬼→有鬼①
　　b 我没见过鬼→有鬼/没鬼

不能认为说“没见过鬼”的也必定承认“有鬼”。这里,否定甲时的反应为乙/$\overline{\text{乙}}$,是蕴含关系的反应,似可证明(23)是蕴含关系。然而“有鬼”是“我见过鬼”的非断言部分表达出的背景意义,两者既无上下位关系又无整体局部关系,(23)a 是预设关系无疑。又如:

(24) a 我在老张家看电视→老张家里有电视机
　　b 我没在老张家看电视→老张家里有电视机/老张家里没有电视机

情况与(23)相似。再看另一种类型:

(25) a 他是好学生→他是学生
　　b 他不是好学生→他是学生

---

① 这是说从“我见过鬼”的话中可知“有鬼”,不要误解凡有人说“我见过鬼”就表明事实上“有鬼”。

(26)a 他用筷子吃饭→他吃饭

b 他不用筷子吃饭→他吃饭

按否定检验法,在肯定与否定中都维持不变的应是预设,即(25)a 和(26)a 都应是预设关系。事实上它们的乙端都在甲端断言范围之内,甲乙两端是上下位关系,下位蕴含上位,所以(25)a 和(26)a 是典型的蕴含关系。

上面讲的都是从否定甲端看乙端的反应这种检验的局限,现在再看从否定乙端看甲端的反应这种检验是否也有局限。例如:

(27)a 什么戏他都爱看→京剧他爱看

b 京剧他不爱看→什么戏他都不爱看/他爱看别的剧种

(28)a 他是好学生→他是学生

b 他不是学生→他是好学生/他不是好学生

这些都不是蕴含的反应,而事实上(27)a 和(28)a 都是典型的蕴含关系。

可见,否定检验法只是鉴别蕴含和预设的一种辅助方法。从根本上说,鉴别两者要看乙是否甲的断言部分表达的意义,两者是否形成上下位关系或整体局部关系。

看来,鉴别蕴含和预设,对于话语的肯定式和否定式,要分别对待。上面一共谈到这样几种情况。为查对方便,无妨重复一下举过的代表例子(只举肯定式)。

1　甲→乙　$\overline{\text{甲}}$→乙

(29)昨晚的木偶戏演得非常好→昨晚演了木偶戏

（30）他是好学生→他是学生

2　甲→乙　（$\overline{\text{甲}}$→乙/$\overline{\text{乙}}$）

（31）我见过鬼→有鬼

（32）我看了一场京剧→我看了一场戏

3　甲→乙　$\overline{\text{甲}}$→$\overline{\text{乙}}$

（33）宝玉为什么爱林妹妹→宝玉爱林妹妹

（34）什么戏他都爱看→京剧他爱看

现在我们把蕴含和预设分开，以⇒表示蕴含关系，以>表示预设关系，分别取代→号，结果得出以下六种情况：

1　甲>乙　$\overline{\text{甲}}$>乙　肯定式和否定式有共同预设。如例（29）。

2　甲⇒乙　$\overline{\text{甲}}$>乙　肯定式有肯定的蕴含，否定式以肯定式的蕴含为预设。如例（30）。

3　甲>乙　——肯定式的预设在否定式中不成立。如例（31）。

4　甲⇒乙　——肯定式的蕴含在否定式中不成立。如例（32）。

5　甲>乙　$\overline{\text{甲}}$>$\overline{\text{乙}}$　肯定式有肯定的预设，否定式有相应的否定的预设，如例（33）。

6　甲⇒乙　$\overline{\text{甲}}$⇒$\overline{\text{乙}}$　肯定式有肯定的蕴含，否定式有相应的否定的蕴含，如例（34）。

这样六种情况一摆，否定检验法的局限就非常明显了。

预设与语法结构以及触发词

预设通常由话语的某个局部加以体现。

主语部分往往体现预设。例如：

(1)天上的星星数不清>天上有星星

(2)西餐厅的污水井在候机楼西边的广场上>西餐厅有口污水井

(3)数百人组成的送葬队伍，没有戴黑纱……>送葬队伍由数百人组成

(4)说他坏话的是他的邻居>有人说他坏话

(5)而他们，拖拉机手和收割机手们，何尝不更想找个时机发泄一下？>他们是拖拉机手和收割机手

(6)令人馋涎欲滴的红菜汤的香味，从厨房里飘送过来>红菜汤的香味令人馋涎欲滴

宾语部分也可以体现预设。例如：

(7)这两个……人，充分地享受着那些或许是正常的家庭享受不到的天伦之乐>正常的家庭或许享受不到某些天伦之乐

(8)她依然是女知青中最沉默寡言的姑娘>女知青中有一位最沉默寡言的姑娘

(9)她驾驶着父亲生前驾驶的那台拖拉机>那台拖拉机是父亲生前驾驶的

(10)曹铁强永远也忘不掉九岁时看过的一部影片——《英

雄战胜北大荒》>(曹铁强)九岁时看过一部影片——《英雄战胜北大荒》

在结构复杂的话语中,预设还多体现在附加部分,包括修饰语部分和从句部分。例如:

(11)每每叶知秋到莫教授家里做客的时候,总是戏谑地管莫征叫奥利佛尔>叶知秋常到莫教授家里做客

(12)薛烨从没见妈妈掉过一滴泪,哪怕是在和爸爸闹离婚的日子里>(妈妈)和爸爸闹过离婚

(13)薛莲由于心情紧张,手心冰凉的>薛莲心情紧张

(14)这是他们在国民党十一中全会上听了蒋介石先生所谓共产党问题"为一个政治问题,应用政治方法解决"的演说,和全会作了与蒋所说大体相同的决议之后说的话>(他们)在国民党十一中全会上听了蒋介石先生所谓共产党问题"为一个政治问题,应用政治方法解决"的演说,全会作了与蒋所说大体相同的决议

体现预设的话语局部,有时候直接体现预设,如例(11)(13)(14),预设几乎像是从话语中"摘"出来的。不过大多数情况,体现预设的话语局部需由非命题形式转化为命题形式。如(1)(6)(9):

(1′)天上的星星——天上有星星

(6′)令人馋涎欲滴的红菜汤的香味——红菜汤的香味令人馋涎欲滴

(9′)父亲生前驾驶的那台拖拉机——那台拖拉机是父亲生前驾驶的

有些词，它直接联系的词语或直接或间接地体现着话语的预设，这些词叫预设触发词（presupposition-trigger）①。例如：

（15）他后悔喝了白干儿>他喝了白干儿

（16）我奇怪他竟没来>他竟没来

（17）我欣赏他的诚实>他诚实

（18）我喜欢他的直率>他直率

（19）我谴责他的欺骗行为>他有欺骗行为

（20）他的心脏停止了跳动>这之前他的心脏在跳动

（21）我忘了他昨天托我办的事了>他昨天托我办事

（22）他忘了锁门>他本该锁门的

（23）我看见了那个爱吃老鼠肉的人>有个人爱吃老鼠肉

（24）咱村这位万元户是靠养鸡发的>咱村有位万元户

（25）你又迟到了>你原先迟到过

（26）这人比曹操还要奸诈>曹操够奸诈的了

（27）五毛一斤了>本来不是五毛一斤

（28）他虽然七十多了，食量还不小>七十多的人一般食量不大

还有某些疑问词，如“哪天”“哪里”“为什么”等，例已见前。

表推断义的词不是预设触发词。如：

（29）我以为你是世界上头号大笨蛋

（30）他希望他孩子考上北大

---

① S. C. Levinson, *Pragmatics*, Cambridge Univ. Pr., 1983, p. 181.

语义预设和语用预设

不少学者既讲语义预设又讲语用预设，有的心理学家还讲到心理预设。① 如何划分这些类型，人们的看法不很一致。现在我们试图对语义预设和语用预设作一个界说。

语义预设又叫逻辑预设。上面我们讨论的基本上都是这一种，也接触到语用预设。这里我们想着重说说后者。语用预设是涉及语境的那些预设。前面说过，预设是话语本身表达的意义，那么，语用预设的提出是否与此矛盾？在我们看来，基本不矛盾。说预设是话语本身表达的意义，是强调预设的实现不依赖于语境。而语用预设涉及语境，是指其中一部分反映一定的语境：或者是交际者之间的某种关系，或者是某种情景；另一部分可因特殊语境的出现而不成立——就后者说，是小有矛盾。这两部分的差异形成两种语用预设。

先说前一种。例如：

(1)您好

(2)你好

用"您"还是"你"，表明说话人与听话人之间，是下对上还是上对下，是生疏关系还是亲密关系，等等。又如，假设有张建军这位收信人。给他的信抬头可以有各种写法："张先生""建军先生""张同志""建军同志""老张""小张""张建军""建军""军"等等。这不同的写法显然反

① Elizabeth Bates, *Language and Context—The Acquisition of Pragmatics*, Academic Pr., 1974, pp. 20, 25—26.

映写信人与这位收信人之间不同的关系。又如，鲁迅的小说《故乡》写“我”回到分别了二十多年的故乡，刚刚见到儿时的伙伴闰土时兴奋极了，只是说：

(3)啊！闰土哥，——你来了？……

然而对方却恭恭敬敬地回一声：

(4)老爷！……

“我”的一声“闰土哥”表明两人儿时的亲密关系，而闰土的一声“老爷”则表明20多年后的新的关系，以致“我”感到“我们之间已经隔了一层可悲的厚障壁了”。以上是语用预设反映交际者之间的某种关系的例子。下面是反映某种情景的例子：

(5)请开门/别开门

这例子常为人们举到，它预设“门是关着的”“有一道门”等。上节以“停止”为预设触发词的例(21)(“开始”同此)也属这一种。又如，苏联电视连续剧《春天的十七个瞬间》中有这样的对话：

(6)施季里茨：来一杯咖啡！
侍者：还像过去一样，不加牛奶？

侍者的话，以“施季里茨是这家咖啡店的常客”为预设。

再说后一种。例如，学者们经常举到的例子：

(7) John is a bachelor.(约翰是个单身汉)

其中 bachelor(单身汉)的语义成分有〔+男性〕〔+成年〕〔-结婚〕,但这句话通常强调的是 John(约翰)没结婚。如果用到它的否定式:

(8) John is not a bachelor.(约翰不是单身汉)

通常只是否定他未结婚,仍然肯定他是成年男子。这样看来,"约翰是成年男子"是(7)和(8)的预设。然而,如果 John 是个两岁的男孩,我们对别人介绍他时依旧可以说(7),尽管听话人后来了解了实情可以责备我们不够合作,但他不能说我在撒谎。① 可见"约翰是成年男子"在个别语境中不存在于(7)和(8),它是(7)和(8)的语用预设。又如:

(9) 他下围棋还下不过聂卫平

通常人们会认为这个人棋艺高超。然而如果他棋艺只有初级水平,那么说上面这句话也是说的老实话,只是有点滑稽罢了。"此人棋艺高超"是(9)的语用预设。又如:

(10) 五毛一斤了

上节例(27)曾举到这句话,指出预设是"本来不是五毛一斤",就是说,可以是本来不止五毛一斤,也可以是本来不到五毛一斤。但此话经常

---

① Elizabeth Bates, *Language and Context—The Acquisition of Pragmatics*, Academic Pr., 1976, p. 23.

出自叫卖的小贩之口，那意思是"本来不止五毛一斤，现在便宜卖了"——这是(10)的语用预设。又如：

(11)约翰爱过玛丽

通常可以理解为，它预设"约翰现在不爱玛丽了"。但只是通常如此。也可以是从前爱过后来不爱，再后来比如现在又爱上了，所以这个预设是语用预设。需要注意，语用预设必须是通常情况下成立的，如果此时意味着这样，彼时意味着那样，没有常规与非常规的区别，那么就不在预设范围之内了。

第十一章　寓义

什么是寓义

在交际中，话语的字面意义可能就是它所要传递的意义。例如做数学题时说："三加五等于八。"或者老师告诉学生："溥仪死于1967年。"但很多时候，话语表达的却是超越它的字面意义的意义。例如，打电话的开头经常有这样的对话：

张先生在家吗？
请等一下。

仅从字面意义看，两句话牛头不对马嘴。实际上它们各自表达的都是对方理解的、超越字面意义的意义。问话的是说："我想跟张先生说话，请给找一下。"答话的是说："好，我这就去找张先生。"交际进行得很顺利。

话语所表达的超越字面意义的意义，就是寓义（implicature）。

最早提出寓义概念并进行理论探讨的是美国哲学家格赖斯（H. P. Crice）。1968年，他的一篇论文明确说明了他的观点。他认为我们应当把下述两种情况区别开来：一、一个说话者使用的语词所表示的意思；二、这个说话者在特定场合下通过使用这个语词所表示的意思，例如，当某个小偷说“警察来了”，他实际上要表示的意思是“我们赶快离开这里”。说话者通过说出前一句话来表达后一句话的意思，而前一句话本身根本不含有后一句话的意思。① 格赖斯更有影响的著作，是据他 1967 年在哈佛大学发表的演讲写成的、1975 年和 1978 年先后发表的、以“逻辑与会话”和“再论逻辑与会话”为题的文章。1983 年以来，我国学者多把 implicature 译为“含义”。② 按词典对“含义”的解释，是“（词句等）所包含的意义”，不能排除字面意义，人们日常的理解也是这样，因此最好不采用“含义”。有人用“言外之意”来表示，也不理想，因为它的意思也太泛，例如它可以包括若干语用预设，如“我现在相信”，言外之意是“我过去不相信”。再者，语义学或语用学中已有一个另有含义的术语“言外之意”，它是 illocutionary force 的汉译。③

“寓义”是否与戏剧、电影的行话“潜台词”相当？只是部分相当。因为潜台词包括表示人物思想活动的内心独白，不一定要别人知道；而且，在不说任何一句台词的时候也有潜台词。寓义虽是超越字面意义的，却必须是通过一定话语表达出来的。

寓义自然也不指用手势眼神等非语言手段表达的意义。

规约寓义和临时寓义

寓义有规约寓义和临时寓义的分别。④

规约寓义指社会有共同理解的、固定的寓义。例如（我们用→表

---

① 格赖斯《说话者的意思、语句的意义和词的意义》，载《语言的基础》第 4 卷，1968；转引自涂纪亮《英美语言哲学概论》，人民出版社，1988，108 页。

② 始于程雨民《格赖斯的“会话含义”与有关的讨论》，载《国外语言学》1983 年第 1 期。

③ 例如利奇《语义学》，上海外语教育出版社，1987，406 页。

④ 格赖斯分 implicature 为 conventional implicature 和 conversational implicature 两种，前者即“规约寓义”，后者即“会话寓义”；本文说的“临时寓义”与他的“会话寓义”大体相当。

示寓义关系)：

(1)他是只狐狸→»他是个狡猾的家伙

(2)一帆风顺→»一路平安

英语中常用的Can you help me? 和Can I help you? 已不按照字面理解为一般疑问句“你能帮助我吗?”和“我能帮助你吗?”前者委婉地提出了寻助的请求,后者是表示“愿为您效劳”。这也都是规约寓义。

汉语的歇后语分引语和注语两部分,如“黄鼠狼给鸡拜年——没安好心”,“买布不用尺——瞎扯”,破折号前是引语,破折号后是注语。① 注语的意义实为引语的寓义。人们用歇后语时往往只说出引语,寓义自明。这寓义是社会约定的,所以是规约寓义。

并非社会约定而只是在特殊语境中表达出来的特殊寓义是临时寓义。前面举的打电话的对话的寓义只有在某次打电话开始时那样的语境中才得以实现,是临时寓义。又如你邀请一位朋友一道看电影,这朋友如果回答你一句“我家里有病人”,那就是委婉地谢绝了你的邀请。这也是临时寓义在起作用。说“他是只猫”与说“他是只狐狸”性质不同。“他是只猫”没有固定的寓义:也许是说此人性格温顺;也许是说此人喜欢奉承不爱批评(猫爱从头到尾顺着摸它的毛,反过来摸它会发火);也许是说此人爱吃腥的;也许是说此人有本事,镇得住邪(老鼠都怕猫)。在不同场合有不同的寓义。这些都是临时寓义。

规约寓义可能由临时寓义发展而来。例如,某个歇后语最初为个别人偶尔运用时,只是表达了临时寓义,如:

---

① 后一例子的注语还同时用了同音手段。

(3)乔冰点点头:“她现在是‘两不落实’,工作安排八字没一撇,对象还是迎风吹喇叭——‘哪里哪’?”……

例句出自成平的中篇《干杯,女兵们!》。因为有上文,后面又补出了注语,读者理解“迎风吹喇叭”的寓义;离开这篇小说,光说“迎风吹喇叭”,未必有人懂得。“哪里哪”只是小说中的临时寓义。今后如果在社会上流传开来,它就会转化为规约寓义。既然可以有一个从临时寓义到规约寓义的过程,这两种寓义的界限有时候也就不那么好划。

有的规约寓义用的时间长了,人们有可能忘记它的寓义性质。例如英语的日常用语goodbye(再见),据研究原本是God be with you(上帝与你同在)的简便说法。这句话原是基督教徒分手时的一句祝福话,后来成了一般人告别的礼貌用语。现在一般人已不知道或很难联想到它的原意,也就意识不到运用的原是寓义了。又如汉语中因为经常以狐狸比喻狡猾的人,说到“老狐狸”更是确定地指老奸巨猾的家伙而不再指野兽了。词典于是单为“老狐狸”列了一个条目,注为“比喻非常狡猾的人”。这样,“他是个老奸巨猾的家伙”就成了“他是个老狐狸”这句话的字面意义,从而失去了寓义的性质。

临时寓义的特点

需要着重加以研究的寓义是临时寓义。

上面已经比较了临时寓义和规约寓义,现在需要比较临时寓义和预设(兼及蕴含)。

第一,寓义是超越字面意义的,蕴含、预设都是话语自身表达的意义。这已不用说明了。

第二,凡有寓义的,表达寓义是交际的直接目的,蕴含、预设不然。

“他是日本孩子”，意在说他是日本籍或日本族的孩子，不在说“他是日本人”或“他是孩子”，虽然这些都是话语的蕴含。“昨晚的木偶戏演得非常好”，意在评价昨晚的木偶戏的演出效果，不在告诉人“昨晚演了木偶戏”，虽然这是话语的背景知识，是预设。莱文森（S. C. Levinson）认为下例是寓义关系：

(1) Herb hit Sally（赫伯打了萨莉）→→Herb didn't kill Sally by hitting her（赫伯打了萨莉但没有打死）①

在我们看来，(1)的右端是左端自身表达的，从左端就可以推知右端，尽管这不是绝对的，因为个别时候不排斥打死了人也这样说（左端），从而右端是左端的语用预设，但毕竟是预设而不是寓义。

下面是1987年秋季报纸的一个新闻标题：

(2)天津市没有流行甲型肝炎

人们一看就会自然地与当时曾在某些地区流行过甲型肝炎的事实联系起来；即使毫不知情的读者，从这个标题中也能感受到天津市曾受到甲型肝炎的威胁的信息。但这是(2)所表达的背景意义，表达它不是这个标题的直接目的。这里存在的是语用预设而不是寓义。

第三，临时寓义内容难以预测难以列举。谁也无法说清某句话可能有哪些寓义，可能有多少寓义。例如：

(3)上课了！

---

① S. C. Levinson, *Pragmatics*, Cambridge Univ, Pr., 1981, p. 117.

它的寓义可能是请还在过道上休息的本班同学快进教室;可能是请还在教室内逗留的他班同学快出教室;可能是告诫还在闲聊的同学别说话了;可能是提醒未听见上课铃声的老师开讲……蕴含和预设则完全可以预测,预设并且是可以列举的。然而,在交际中得以实现的临时寓义只能是其中之一,这点正如词的多义一样。而在同一个蕴含序列中的所有蕴含,一句话的所有预设(语用预设例外)全部都是实现了的。

第四,临时寓义是可以取消的,甚至规约寓义有时也可以取消。就是说,句子不是任何时候都必须具有寓义,有时候只是表达字面意义,没有任何寓义。而蕴含、预设则是句子一般必须具备的。莱昂斯正确地认为是否具有可取消的特征是寓义和预设起码的区别。① 很有一些学者持相反意见。在他们看来,可取消性(defeasibility)是预设和寓义共同具有的,因为随处可见预设被取消的现象。例如莱文森举例说:

(4) At least John won't have to regret that he did a PhD(至少约翰不必为获得博士学位而后悔)

可以在交谈双方都知道约翰没有通过博士考试时说这句话,认为约翰既然没通过博士考试那就不会有为获得博士学位而后悔的事,可见通常认为动词 regret(后悔)带的宾语从句是预设在这里不一定成立。②肯普森举了个类似的例子:

(5) The gypsy did not regret that the captain was in prison because she knew that he had in fact escaped(这吉卜赛人并不为头领

① John Lyons, *Semantics 2*, Cambridge Univ. Pr., 1979, p. 606.

② S. C. Levinson, *Pragmatics*, Cambridge Univ. Pr., 1984, p. 187.

坐牢而惋惜,因为她知道头领事实上在逃)

但肯普森不主张预设取消说,她指出这种情况是由否定句的歧义造成的,在某个意义上具有的预设,在另一个意义上没有。例如:

(6) The gypsy did not regret that the captain was in prison

在一个意义即通常意义上,仅仅否定 regret,是在肯定所后悔的内容的背景下进行这种否定的,这背景就是预设;在另一个意义上,是对整个述谓部分进行否定,就是说后悔什么这件事根本不存在,当然不会有在前一意义上的预设。① 这个看法是有道理的。

一般人都承认英语分裂句(cleft sentenc)的 that 子句是预设的所在。莱文森想证明分裂句的预设也可以取消,他举了这样一个例子:

(7) You say that someone in this room will betray you. Well may be so. But it won't be Luke who will betray you, it won't be Paul, it won't be Mathew, and it certainly won't be John. Therefore no one in this room is actually going to betray you(你说这屋里有人会出卖你。也许是这样吧。但是出卖你的不会是卢克,不会是保罗,不会是马修,也肯定不会是约翰。因此事实上这屋里没有谁会出卖你)

其中,分裂句 it won't be Luke who will betray you 以及随后几个省略 that 子句的分裂句都以 some one will betray you(有人会出卖你)为预设,但

---

① Ruth M. Kempson, Presupposition, Opacity, and Ambiguity, In *Syntax & Semantics* Ⅱ: *Presupposition*, Academic Pr., 1979, p. 283—284.

就整个(7)来说,这个“预设”最后却是被否定了的。[1] 在我们看来,这段话不过是用了欲擒故纵的手法,即先按对方的猜测进行假设,然后验证事实,一一否定,最后达到否定整个假设的目的。无论怎样,上述每个分裂句的预设都实实在在地存在。

最后,寓义完全依赖于语境。前面说过,不能说预设完全与语境无关,然而与语境的联系毕竟有限。

合作原则和礼貌原则

合作原则,是临时寓义得以实现的条件。它由格赖斯提出,已得到公认,只是理解上略有分歧。

格赖斯仿照德国古典哲学家康德的量、质、关系、方式四个范畴,从四方面说明合作原则。

量:要有足够的信息。

质:努力使所说的都是真的。第一,不说自己认为是虚假的话,第二,不说缺乏证据的话。

关系:要有关联,不无故转换话题。

方式:要求表达清楚明白。第一,避免晦涩,第二,避免模棱两可,第三,避免啰唆,第四,避免条理混乱。

下面根据我们的理解举例说明。

例如,有这样一段对话:

(1)您双亲都健在吗?

　　母亲已在去年去世了。

---

① S. C. Levinson, *Pragmatics*, Cambridge Univ. Pr., 1984, p. 189.

问的是双亲的情况,只回答了关于母亲的,信息量不足。但据合作原则,答话人不致不满足问话中量的要求,没说父亲,只能理解为他与母亲的情况不同;父亲健在,这是答话的寓义。有时发话人故意违反量的原则,表达某种寓义。例如老师在全面审阅了某篇作文之后在评语中只说:

(2)结尾写得很好

而故意不提文章的其他部分,也无总的评价,这表示老师对这篇作文总的评价不高。

再看:

(3)我今天遇见鬼了

这显然是虚假的话,但我们相信发话人遵守合作原则,不会说假话,那么这话就不能按字面义理解,只能理解为发话人碰上不顺心的事了。

(4)这就是我的好朋友

如果对话双方都了解话语所提到的人,知道他事实上对发话人有极不友好的行为,那么,不需要借助特殊的语调,(4)也成了具有强烈讽刺的反话。

正常情况下,交际双方都要求自己的话与对方的话有关联,也相信对方的话与自己的话不无关联。寓义便得以在一些似无关联实有关联的对话中发挥作用。例如话剧《北京人》里的几句对话:

(5)曾思懿:(突兀)你的媳妇回来了没有?

曾　霆：打了电话了。（→没有回来，已叫她回来）

曾思懿：她怎么说？（→说要回来吗？）

曾　霆：不是我打的，我托愫姨打的。（→我还不知道她怎么说的呢）

又如这样的对话：

(6) 你今天买夹克了吗？

我买了很多书。

问的是“夹克”，却回答买“书”的事，似乎答非所问。但实际情况可能是，答话人是想说买书买多了，钱用得差不多了，也就没钱买夹克了。这样，答话与问话还是有关联的。只是“没钱买夹克了”没说出口，成了答话的寓义。

并非一切交际都能顺利进行。有时候对话中另起话题是为了克服交际中的障碍。这从小范围看像是无关联，从大范围说却是有关联。例如，有篇小说写一位上任途中的连指导员，碰见一位老兵，两人有一段对话：

(7) ……

“那么你是病号？”为了博得好感，冼文弓递上一支烟。

“我还不知你是哪单位的，同志。”老兵以问为答。

老兵话里的寓义是：“你怎么光问我这问我那的，你也亮明了身份才好交谈啊！”有时候，交际的一方“顾左右而言他”，故意说些与对方说的不相干的话，这表示他不愿意（至少在此时此地）谈论某个话题。

当着第三者的面谈话,如果故意把话说得晦涩难懂,模棱两可,可能意味着有些意思不愿让第三者知道。

特意的啰唆可能有特殊的寓义。例如,话剧《雷雨》中周萍这样对后母繁漪说:

(8)如果你以为你不是父亲的妻子,我自己还承认我是我父亲的儿子

"我是我父亲的儿子"在一般情况下是句废话,在这里却不然,它表示了周萍想与繁漪保持一些距离的态度。又如鲁迅的抒情散文《秋夜》一开头说:

(9)在我的后园,可以看见墙外有两株树,一株是枣树,还有一株也是枣树。

按一般的表达习惯,这违反简练原则。作者为什么不写成"……墙外有两株树,都是枣树",或干脆写成"……墙外有两棵枣树"呢?读完全篇,结合当时的历史背景,可以理解作者的"啰唆"另有深意。枣树在文中乃是处境孤独仍顽强搏击的不屈的战士的象征。

交际双方遵守合作原则,是一般情况;一方有意违反合作原则同时又让对方理解这种违反的意图,也是一种合作。但如果一方有意违反合作原则而又隐瞒这一意图或者无法让对方理解这一意图,那么就是对合作原则的破坏,会导致交际的失败。克拉克(Clark)夫妇曾经举到一个例子:

(10)A:我看见×先生昨天和一个女人吃饭。

B:真的？他的妻子知道这件事吗？

A:当然她知道,她就是和×先生一起吃饭的那个女人。

“一个女人”按理不应是×先生的亲属,甚至不会是A、B熟悉的人,A向B透露的“新闻”的寓义是:“×先生可能有外遇。”然而A却偏把×先生的妻子说成“一个女人”,破坏了合作原则,以致使B受了一次愚弄。①

除合作原则外,格赖斯还提到了礼貌原则在实现临时寓义中也起一定的作用。利奇对此有进一步的探索。②

说话讲究礼貌,远远不限于几个专门的礼貌用语如“谢谢”“请”“对不起”之类的使用。它有多种表现方式。委婉而让意图表达于寓义之中,就是重要的一种。例如,如果对他人有所求,直愣愣地提出往往不如委婉地提出更有礼貌,易为对方接受。比较:

(11)借点钱给我!

(12)你手头宽裕吗?

(11)直接表达了借钱的要求;(12)借钱的要求体现在寓义之中,给对方以考虑的余地。而当谢绝别人的要求时道出具体原因而让对方体会出结论比直接谢绝要有礼貌。如朋友邀你出去散步,你说“我今晚要做的家务太多了”,强于直说“不能奉陪”。高名凯说,有时“人们应用委婉语,为的是避免给对话人以刺激”,以期“获得对话人的更好的反应”。他举到的某些例子正可以说明礼貌原则在实现临时寓义中的作

---

① H. H. Clark & E. V. Clark, *Psychology and Language: An Introduction to Psycholinguistics*, New York: Harcout Brace Jovanovich, 1977;转引自利奇《语义学》,上海外语教育出版社,1987,471—472页。

② Geoffrey N. Leech, *Principles of Pragmatics*, Longman, 1983, Chapter 5.

用。例如：

(13)比方说，当你和一位面貌丑陋的少女在一起的时候，如果她问到你对她的面貌的意见，你就不说“你很丑”，而说“你的眼睛很美”……当我们在医院里探视病人到了规定的钟点时，护士同志往往要对我们说：“现在×点钟了”，而不会说“到了时候，请走吧”……①

寓义，主要是临时寓义，因为密切涉及语境，而语境千变万化，所以寓义是一种十分复杂的语言现象。目前，这方面的研究成果还是极其初步的。

① 高名凯《普通语言学（增订本）》，新知识出版社，1957，352—353页。